I0120905

LA GUERRE DES POST-IT

Gerda JOSEPH

LA GUERRE DES POST-IT

Pacifique et colorée

Post-it® est une marque déposée
appartenant à la
Minnesota Minning and Mannufacturing Company (3M)
www.post-it.com

Création de couverture : Karen Platel - RédacNet -
www.redacnet.com

Illustrations :

©123RF.com p. 26, 53

©Depositphotos p. 46, 47, 49, 77, 100

©Droits réservés p. 18, 23, 50, 51, 54, 57, 62, 63, 109, 110, 111,
115, 119, 120

©Festisite p. 113, 114

©Flickr The Conmunity - Pop culture Geek p. 69

©La Manufacture du pixel p. 27

©Manon Laugier p. 85, 87

©Nintendo p. 45, 47

©Pexels p. 25

©Pixabay p. 10, 11, 13, 22, 29, 32, 37, 40, 43, 56, 58, 59, 77, 89,
92

©Snappygoat p. 70

©StockSnap p. 73, 75

©Unsplash p. 16, 20, 60, 98

©VectorStock p. 78

Copyright© Gerda Joseph, 2018
Tous droits réservés.
ISBN papier : 978-2-9563743-1-2
ISBN pdf : 978-2-9563743-0-5
ISBN epub : 978-2-956743-2-9

SOMMAIRE

AVANT-PROPOS

Une guerre, pour le moins surprenante, cause des ravages depuis quelques années dans de nombreux pays. Qui en sont les protagonistes ? Quelle forme revêt-elle ? Faut-il s'alarmer ? Des questions qui soulèvent bien des interrogations. Néanmoins, cette guerre n'inspire aucune terreur car il n'y a aucune perte humaine à déplorer. Bien au contraire ! Elle provoque de l'enthousiasme auprès des participants.

Mais, quel est ce phénomène ? Certains parlent même d'épiphénomène !

Il suffit de surfer sur le Web pour constater l'ampleur du sujet. La « guerre des post-it » ou « *post-it war* », se répand comme une traînée de poudre. Une guerre pacifique et colorée qui vous replonge dans le monde des jeux vidéo des années quatre-vingt et stimule votre créativité. Cette « guerre des post-it » peut paraître fantaisiste, il n'en demeure pas moins qu'elle rassemble des milliers d'adeptes. L'élément central de ce phénomène réside dans un petit bout de papier autocollant. L'arme en question dans cette guerre se décline sous plusieurs formes, de la plus classique à la plus insolite. En effet, cette petite note autocollante réserve bien des surprises !

Il n'est pas question d'occulter et de minimiser les impacts négatifs. Tous les points de vue doivent être pris en compte.

Les antagonistes ne manquent pas d'arguments et d'imagination pour défendre leur opinion.

Cet ouvrage est destiné aux personnes qui affectionnent ce support de communication. Il en aborde à la fois le côté pratique et ludique.

Ce produit est connu sous plusieurs appellations : notes autocollantes, notes adhésives amovibles, notes repositionnables. Mais, « post-it » est le terme le plus connu. Malgré les variantes terminologiques, cette appellation reste la plus employée officiellement. Le département juridique du fabricant, la société 3M, intervient quand le mot post-it apparaît sans le ®, de manière générique, pour désigner une note repositionnable (comme Scotch® pour le ruban adhésif ou Caddie® pour un chariot !).

Ce support a envahi toutes les couches de la société au fil du temps et gagne à être connu.

L'un des objectifs de ce livre est de mettre en avant ce produit, d'attirer l'attention sur ses caractéristiques, ainsi que sur ses différents champs d'application. Le post-it n'est pas seulement un support de travail, mais est devenu un véritable mode d'expression. Certaines sociétés ont d'ailleurs saisi cette nouvelle tendance pour adapter leurs offres. Il ne fait aucun doute que cette petite feuille de papier continuera à s'imposer dans les esprits et les habitudes, quels que soient les changements.

La seconde partie de cet ouvrage sera consacrée à la Guyane française, territoire d'outre-mer en devenir, par le biais de jeux et d'articles à destination des petits et des grands. Même s'il est vrai que les attentes de la population sont nombreuses en termes de développement économique et structurel, ce pays offre un foisonnement d'espèces animales et végétales contribuant à la richesse de sa biodiversité. Un atout majeur pour le secteur touristique.

Première partie

LE POST-IT, PHÉNOMÈNE DE SOCIÉTÉ

HISTORIQUE

Encore un exemple de sérendipité : l'art de trouver ce que l'on ne cherchait pas ! En 1974, **Arthur Fry**, chercheur chez 3M, utilisait des bouts de papier pour marquer les pages dans son cahier de chants. Frustré ! Il faut dire qu'il passait son temps à les ramasser ! Il se rappela que son collègue **Spencer Silver** avait inventé une colle qui permettait de coller, décoller et recoller un morceau de papier. Le plus drôle dans cette histoire, c'est que ce dernier tentait de créer une colle extra-forte !

C'est dans les années quatre-vingt que les ventes ont réellement décollé. Les deux inventeurs ont été récompensés en 2010 au Palais national des inventeurs, au côté de **Jacques Costaud**, reconnu pour le perfectionnement du principe de scaphandre autonome et quinze autres inventeurs, pour leur innovation ayant contribué au progrès humain, social et économique.

En 2015, **Alan Amron**, soixante-sept ans, réclame au moins quatre cents millions de dollars de dommages et intérêts. Détenteur de trente-neuf brevets reconnus aux Etat-Unis, revendique l'invention du post-it en 1973. Ce dernier l'aurait baptisé à cette époque « *Press-on Memo* ».

Source : www.invention.europe.com

La société **3M** (Minnesota Mining and Manufacturing Compagny), créée en 1902 par cinq hommes d'affaires, était spécialisée dans l'exploitation du corindon, une pierre précieuse, la plus dure après le diamant. Suite à un échec, ils se tournent vers la fabrication de papier de verre en 1910, puis la commercialisation de papier de verre abrasif imperméable et de ruban adhésif de la marque Scotch dans les années 1920. Aujourd'hui, ils interviennent dans divers pôles d'activité : industrie, transports, hygiène, sécurité, santé, signalisation, communication graphique, bureautique, électronique, télécommunications, énergie.

Quel est le rapport entre la fabrication du post-it et celle du papier de verre ? Aux États-Unis, la culture d'entreprise encourage l'expérimentation d'idées en interne ; les employés peuvent consacrer quinze pour cent de leur temps à des projets personnels et les partager.

ASPECTS PRATIQUES

Le post-it permet de noter des messages et de créer des mémos de formes diverses et variées ! Ce support est à la fois pratique et ludique.

De nos jours, nous bénéficions d'une large palette de couleurs et de formes. Les couleurs sont vives et les formes variées. Les adeptes sont de plus en plus nombreux. Nous assistons à l'émergence de nouvelles catégories de consommateurs, notamment les étudiants et les créatifs. Ce support s'assimile à la fois à un outil pédagogique et artistique : on parle de *post-it war* ou *post-it art*.

Plusieurs études démontrent que les post-it optimisent la prise de décisions et l'organisation au sein de l'entreprise. D'après certains spécialistes, écrire sur des post-it limite le stress et l'encombrement de la mémoire.

Source : www.dynamique-mag.com

Le post-it pourrait sembler dépassé face à l'avènement des nouveaux outils numériques tels que l'agenda en ligne, les logiciels de gestion du temps, etc. L'agenda classique ne serait pas non plus à l'abri, face aux enjeux écologiques et les nouvelles méthodes organisationnelles.

Cependant, l'objectif « zéro papier » relève de l'utopie car les écrits restent indispensables pour une meilleure mémorisation des idées et imprégnation des sensations.

En termes de méthode d'organisation, l'auteur du livre *Organisez vos idées avec le Mind Mapping* (ou carte mentale), **Pierre Mongin**, pionnier dans ce domaine en France, propose dans son dernier ouvrage, *Mieux s'organiser. La stratégie du Post-it et du Kanban personnel*, de revenir à des méthodes traditionnelles.

Cette méthode d'organisation, qui associe les post-it et le **tableau Kanban**, confère une plus grande aptitude visuelle, grâce à une vue d'ensemble des tâches et le contact direct avec le support, qui sollicite nos sens tels que la vue et le toucher, incluant une certaine perception.

Source : blog Formation 3.0 format30.com

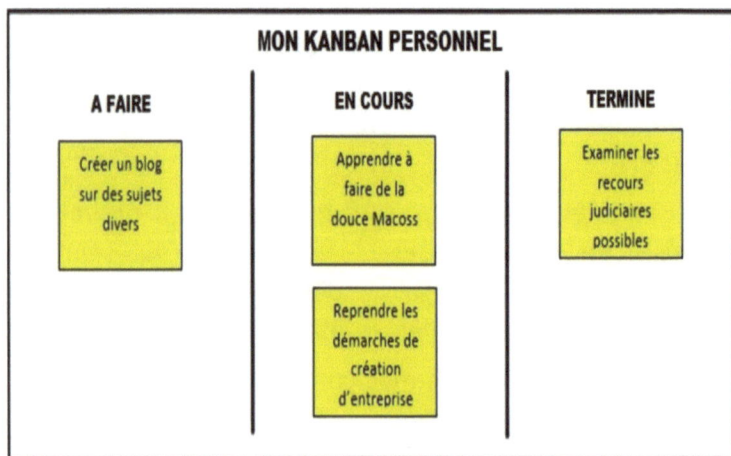

MON KANBAN PERSONNEL

A FAIRE	EN COURS	TERMINE
Créer un blog sur des sujets divers	Apprendre à faire de la douce Macoss	Examiner les recours judiciaires possibles
	Reprendre les démarches de création d'entreprise	

LE MARCHÉ

Les Français sont les plus gros consommateurs de post-it. En effet, d'après les statistiques publiées sur le site Les Echos.fr, 42 millions de blocs sont vendus chaque année, dont 75 % sont utilisés en entreprise, même si 20 % des personnes interrogées déclarent en faire également un usage personnel.

Selon les mêmes statistiques, on observe un pic des ventes lors de la Saint-Valentin où les post-it en forme de cœur sont les plus demandés (40 %).

La société 3M, leader mondial du post-it, évolue dans un secteur peu concurrentiel, même si certaines entreprises se distinguent par une offre adaptée aux habitudes des consommateurs (*post-it war*). Cependant, le géant du post-it ne semble pas craindre la concurrence, tandis que les guerres de post-it font rage.

Mais, les ventes de post-it ont subi une légère baisse ces dernières années. Et les performances économiques du géant américain 3M ne sont pas au beau fixe depuis bientôt deux ans. Ce recul net s'explique d'une part par le renchérissement du dollar et d'autre part par la morosité économique qui se fait sentir dans plusieurs pays européens, dont la France. En effet, le groupe réalise la plus grosse part de son chiffre d'affaires à l'international (60 % en 2015 selon Capital.fr).

Avec la récession, la demande tend à se contracter. Ainsi, pour l'année 2015, la ligne des produits de consommation dans laquelle se trouve le post-it a connu une baisse de son chiffre d'affaires de 2,2 %, soit près de 4,5 milliards de dollars.

Cette conjoncture peu favorable a conduit la société 3M à réduire ses effectifs de 1 500 postes (2 % de ses ressources humaines) la même année, notamment dans les zones offrant peu de croissance, dont la France.

Cette tendance à la baisse s'est, sans surprise, poursuivie en 2016 avec une croissance quasi nulle (moins de 1 %) des ventes.

LA CONCURRENCE

Tesla Amazing invente une nouvelle génération de papier digne du XXIᵉ siècle basée sur l'électricité statique. Ce support adhère à toute surface (verre, plastique, bois, mur etc.). En mars 2015, l'équipe soulève 240 000 $ de fonds auprès de 6 000 donateurs en seulement 30 jours. Ce produit est vendu par environ 50 distributeurs dans 28 pays différents. Son siège social est en Estonie.

Basée en Chine, **la société Stick'n**, créée en 1987, s'est illustrée grâce au produit **Film Index with Clearnote**, qui marque l'une des nombreuses percées dans l'extension des notes collantes en papier à des matières plastiques transparentes et écrites.

L'autoadhésif **Infoboard** change notre perception des notes autocollantes, en créant une surface adhésive servant de support tel un panneau d'affichage.

Les notes **Penfree** sont un stylo à bille multifonction équipé de notes autocollantes !

Au fil du temps, la société Stick'n s'est développée malgré des débuts modestes pour devenir la deuxième entreprise de fabrication de notes collantes au monde, avec la réputation de « toujours offrir quelque chose de nouveau ». Une équipe composée de 18 employés a consacré 3 jours à la réalisation d'une fresque murale nécessitant 36 400 post-it.

La société Stickaz est spécialisée dans la fabrication de carrés de vinyles autocollants qui permettent de créer des pixels art. Plus spécifiquement le **kaz**, qui est un sticker de meilleure qualité qui adhère à de nombreuses surfaces. On compte 100 modèles de dessins qui se déclinent sous 40 couleurs. Il est possible d'admirer les différents modèles sur leur site : www.stickaz.com

TEST CREATION FIGURE

La figure ci-dessous a été réalisée à partir du site www.makepixelart.com, très pratique pour les amateurs de dessins. Contrairement à un générateur de post-it art en vue d'une bataille de post-it, aucune assistance n'est proposée pour la réalisation. Certains sites proposent la création d'un compte ou le téléchargement d'un logiciel. Bien entendu, ce service est aussi accessible en ligne. Le studio en ligne de la société Stickaz propose un service plus performant dans la mesure où il est possible d'importer l'image directement sur la plateforme afin de réaliser du pixel art.

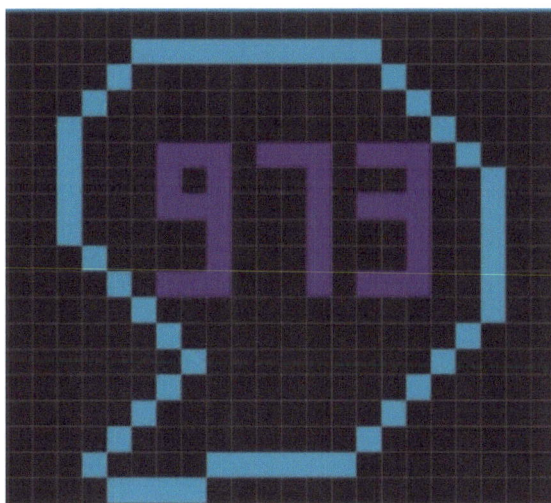

LOISIRS POUR ENFANTS

Des livres de coloriage en pixel art

Destinés aux enfants, ils sont en vente sur Internet. Des enseignants proposent des travaux à leurs élèves dans un cadre ludique, qui touchent à la fois au domaine de la géométrie (apprendre à utiliser une règle) et à l'art plastique (reproduire un dessin) à l'aide d'un cahier à petits carreaux (pixel art sur les héros, les dinosaures, les animaux).

Le jeu du post-it ou devine qui je suis

Chaque joueur note sur un post-it le nom d'un personnage connu, fictif ou réel, ou d'un animal. Puis chacun colle le post-it sur le front du joueur à sa gauche sans le lui montrer. Une fois que chaque joueur a un post-it sur le front, la partie peut commencer. Le but du jeu est de deviner le nom sur son front en posant des questions qui amènent des réponses par « oui » ou par « non ». Par exemple « Suis-je un personnage fictif ? », « Suis-je un homme ? », etc. À chaque « oui » obtenu, le joueur peut poser une autre question. À chaque « non », c'est au joueur suivant de poser sa question.

La Manufacture du Pixel

Développe une gamme de produits qui a pour ambition de proposer un nouvel art basé sur le pixel art, technique de dessin issue du numérique des années quatre-vingt, par la juxtaposition de carrés de différentes couleurs. De ce fait, l'entreprise propose des supports tapis tramés souples de tailles différentes dans lesquels des carrés de couleurs différentes (pixels) peuvent être insérés ou clipsés.

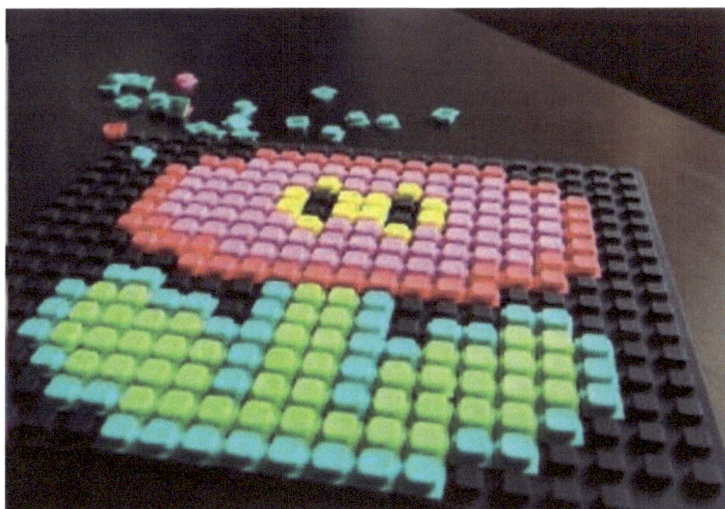

LES CONSOMMATEURS

Les employés de bureau, pionniers de cette grande aventure, représentent les principaux utilisateurs de post-it (75 % des ventes en France).

Les particuliers représentent une minorité de la clientèle, soit 20 % des ventes. Il est possible de supposer qu'une grande partie les utilise également dans le cadre professionnel.

Les étudiants s'en servent durant l'apprentissage des leçons et les révisions.

Les enseignants utilisent des plannings où chaque case ou activité correspond à une note autocollante.

Les créatifs tirent leur épingle du jeu en utilisant des post-it dans leurs vidéos de tutoriels sur YouTube.

ÉVOLUTION

À l'heure des nouvelles technologies, des solutions plus modernes et ergonomiques apparaissent progressivement :

Le post-it virtuel

Grâce à des interfaces graphiques informatiques, l'utilisateur peut coller des notes sur le bureau de son ordinateur.

La tablette

La tablette constitue une autre solution pour conserver des idées et mémoriser des informations. L'écran fonctionne comme un bloc-notes ; le stylet intelligent permet d'écrire à la main des notes virtuelles.

Google Tasks

Cette application, comme les sites de gestion « To do » de la journée, permet d'organiser facilement les tâches de la journée.

Evernote

Cette application de prise de notes est téléchargeable gratuitement. Elle permet de synchroniser ses notes et de les avoir toujours à portée de main.

Le Super Sticky Notes

Afin de devenir la référence sur le marché des notes repositionnables, la société 3M a lancé ce nouveau produit plus résistant avec adhésif extra-fort adhérant à toutes les surfaces.

Ses nombreuses déclinaisons portent le nombre de références en matière de taille, forme et couleur à 300 !

Service de personnalisation en ligne

3M poursuit son évolution en se modernisant : un service de personnalisation en ligne est proposé aux sociétés et aux particuliers. Concernant ces derniers, il est nécessaire de commander un minimum de 10 blocs ! Ce qui peut représenter un frein pour les petits consommateurs.

Le post-it virtuel 3M

Pour en savoir plus sur ce nouveau service, rendez-vous sur le lien suivant :

solutions.3mfrance.fr/wps/portal/3M/fr_FR/EU-Office/Home/ProdInfo/PromotionalPost-it/CustomPrintedPost-it/?MDR=true

TENDANCES

Le brainstorming

Les participants écrivent leurs idées sur des post-it, puis les collent sur un mur, un panneau ou un tableau. Ils sont également utilisés pour tester différentes combinaisons afin de déplacer des éléments. Par exemple : la réalisation de plans de tables de réception pour des événements requérant un protocole (ex : un mariage).

La guerre des post-it ou post-it war

L'idée a été lancée par une salariée d'Ubisoft en 2011. Ce jeu consiste à utiliser un grand nombre de post-it pour créer une image originale sur les vitres de l'entreprise afin de divertir les équipes. Il s'agit également d'un moyen pour fédérer les employés autour d'un concept et améliorer leur engagement.

Le post-it art

Il existe des sites qui proposent de réaliser des figures en vue d'une bataille de post-it. Ce jeu est aussi très prisé aux États-UnIs.

Le post-it décoratif

Activité manuelle consistant à créer des objets à partir de post-it.

Les DIY ou tutos

Vidéo sur la fabrication « fait maison » ou astuces pour imprimer directement sur les post-it.

Le Post-it Notebook

Petit cahier contenant des blocs-notes de forme unique ou variée. Le plus souvent, il s'agit d'agendas ou de carnets de notes.

Les collectionneurs

Il existe des personnes qui détiennent une importante collection de post-it qu'elles conservent dans le but de les utiliser, les exposer dans des vidéos ou des galeries.

Post-it stop motion animation

Ces petits films d'animation sont réalisés à partir de montages photos. Les séquences se déroulent image par image.

Post-it prank (farce)

Défis en tout genre à relever à l'aide de post-it dans le but de faire des plaisanteries à des personnes.

L'AVENIR

Ce petit bout de papier, qui nous envahit depuis plus de trois décennies, n'est pas près de disparaître. Malgré les progrès technologiques, il conserve une grande place dans nos habitudes. Qui sait, il nous réserve peut-être encore bien des surprises ? Pourquoi pas des distributeurs automatiques de post-it avec des images et un texte personnalisés ? Après tout, il existe bien des distributeurs de boissons, de pizzas, de livres ! De plus, nous vivons dans l'ère du DIY ou Do It Yourself.

L'apparition de nouvelles technologies semble menacer l'essence même de ce petit bout de papier. Néanmoins, il faut tenir compte de certaines spécificités ; une note virtuelle convient à certaines situations, mais ne pourra jamais remplacer complètement le support papier. Même si ce dernier paraît insignifiant, du fait de sa petite taille et de son usage, il ne faut pas se fier aux apparences car il suscite de l'engouement depuis quelques années. Tantôt source d'inspiration, tantôt de réflexion et de divertissement, il n'a plus besoin de faire ses preuves. Le post-it est très répandu sur le marché et reste incontournable.

LA THERAPIE PAR LE POST-IT

La thérapie par le post-it est en pleine expansion, même si elle reste encore méconnue du grand public. Lors de l'élection de Donald Trump aux États-Unis, des post-it ont été collés sur les murs du métro de New-York et ont permis aux personnes d'exprimer leurs ressentis par rapport à cette élection. La thérapie par le post-it permet de partager ses émotions sur le moment, dans n'importe quelle situation du quotidien.

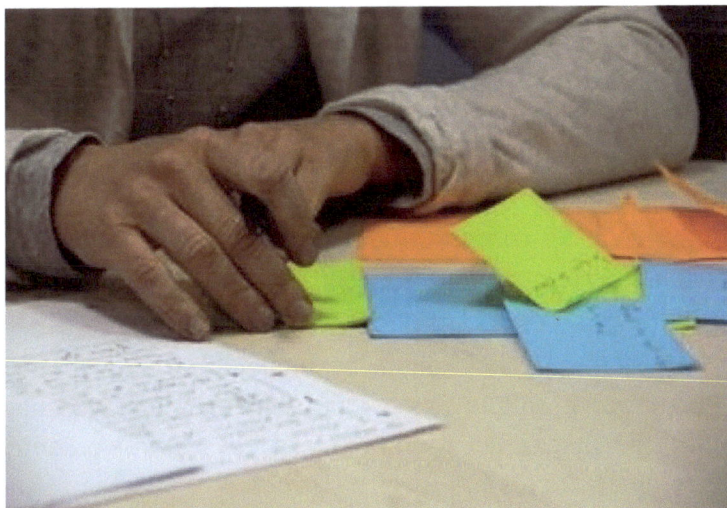

La thérapie par le post-it suit la lignée de la thérapie par l'écriture qui est une sorte de mémoire de la vie psychique qui ne nécessite pas l'expression orale de nos émotions. La transmission est encore plus forte. Écrire, c'est se mettre à nu, dévoiler ses souffrances et ses doutes sans être exposé au regard des autres. L'écriture nous renvoie à nous-mêmes, à notre image dans un miroir.

Le psychologue Kevin Hogan

Cet éminent psychologue, reconnu pour ses talents d'écrivain et d'orateur, a publié plusieurs best-sellers, traduits dans une vingtaine de langues. Son expertise dans le domaine du langage corporel lui a valu de nombreux articles parus dans les médias populaires (ABC, BBC, Fox, *New York Times*). Ses conférences rencontrent beaucoup de succès. C'est aussi un excellent consultant et formateur auprès de grandes entreprises (Boeing, Microsoft, Maserati, 3M).

Il est intervenu en tant que formateur auprès de dirigeants d'entreprises en Pologne. Ses diverses interventions poursuivent des objectifs précis : améliorer la force de vente et les stratégies de communication. Ses recherches poussées sur le fonctionnement du cerveau humain lui confèrent une grande aptitude à cerner les habitudes et les comportements des consommateurs. Par conséquent, ses compétences sont très appréciées par les entreprises qui visent l'excellence.

Par ailleurs, il a enseigné à l'université sur le thème « Persuasion et Influence » qui a obtenu un écho favorable auprès de magazines connus (*Santé des hommes*, *Santé des femmes*, *Success*, *Puissance de vente*).

Il décrit les post-it comme « étonnamment persuasifs ». Une étude a, en effet, démontré qu'inciter un individu à inscrire une action à réaliser sur une note autocollante amène ce dernier à se sentir plus impliqué. Le post-it a une valeur d'engagement plus forte qu'une simple parole orale. Les années qui s'écoulent, n'entament en rien sa brillante carrière, sa popularité progresse continuellement.

Source : www.kevinhogan.com/biography.htm

Le professeur Randy Garner

Ce professeur des sciences du comportement à l'université Sam Houston State a réalisé une étude sur « la force de persuasion d'une note autocollante » en demandant à trois groupes de 50 enseignants de participer à des tests consistant à répondre à un questionnaire. Il ressort de ces diverses observations que le taux de réponses du groupe dont le questionnaire était accompagné d'une note autocollante est le plus élevé (76 %), comparativement aux deux autres groupes, 48 % avec une lettre d'accompagnement manuscrite et 36 % avec une lettre d'accompagnement dactylographiée.

Le professeur Garner affirme que le simple fait de mentionner le nom du destinataire et les initiales de l'expéditeur, d'ajouter ainsi une touche personnelle par le biais d'une petite note, et donc d'impliquer la personne directement, pousse le destinataire à penser qu'il ne s'agit pas d'une demande formelle, mais d'une faveur, qu'il joue un rôle important, que ce n'est pas qu'une question de protocole. Contrairement à un courrier, qui est un peu plus formel. Il souhaitait expérimenter différents protocoles incluant la rédaction de courriers internes incitant les enseignants à participer au sondage, par rapport à une simple note autocollante, qui attire l'attention et est difficile à ignorer, comportant un message clair et concis, connaissant les difficultés à obtenir la bonne coopération des participants.

De plus, le post-it oblige à synthétiser ses idées du fait du peu de place disponible pour écrire. Le post-it permet donc, au contraire du journal intime ou de la lettre, de formuler ses émotions et ses sentiments d'une façon claire et concise, de les identifier précisément, en les affichant devant nous comme un miroir. Cette thérapie va donc faciliter l'expression de sa perception du monde environnant, de ses sensations, d'une manière objective en acquérant un sentiment de contrôle sur ce qui semble souvent très accablant.

Néanmoins, cette thérapie semble se développer exclusivement aux États-Unis, pour le moment, et n'a pas encore fait ses débuts en France.

Source : hbr.org/2015/05/the-surprising-persuasiveness-of-a-sticky-note

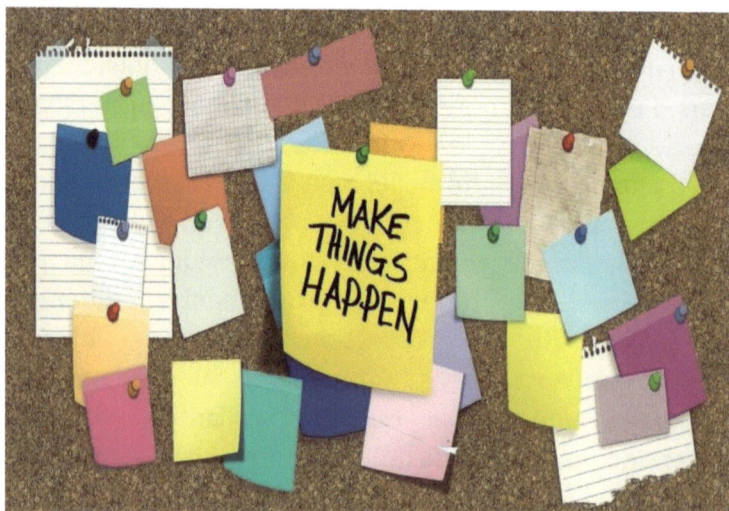

LE POST-IT :
UN OUTIL D'APPRENTISSAGE

L e corps enseignant poursuit l'objectif de développer une dynamique collective afin de stimuler l'envie d'apprendre. Susciter l'éveil et la participation des élèves pour qu'ils prennent plaisir à apprendre, à échanger et à développer leur créativité.

Comment rendre ludique la transmission des connaissances ?

La clef de la réussite réside dans le plaisir d'apprendre. L'enseignement vise à devenir divertissant et participatif pour une plus grande réceptivité des étudiants.

Chaque être est différent face au processus d'apprentissage et possède un fonctionnement qui lui est propre. Chez certains, le processus de mémorisation va être favorisé par le visuel, d'autres sont plus auditifs ou kinesthésiques.

L'association de ces moyens de mémorisation offre la faculté d'optimiser les processus d'encodage, de stockage et de récupération de l'information.

Une solution en somme toute simple, l'utilisation de post-it, représente un moyen original et efficace de capter l'attention, créer une implication générale et permettre à tous de mettre à profit leurs qualités.

Comment utiliser ce petit bout de papier autocollant en corrélation avec une volonté d'augmenter les capacités cognitives ?

L'usage du post-it est multiple. Autant dans le développement personnel, dans la littérature, les mathématiques, les cours de langue, la géographie… Permettre à l'enfant d'exprimer son humeur du jour à l'aide d'un smiley dessiné sur un post-it. Apprendre à exprimer puis verbaliser ses émotions est une étape essentielle dans le développement émotionnel de l'être. Ainsi, l'enseignant peut être plus à l'écoute de ses élèves.

L'utilisation du post-it permet à chacun de développer une réflexion autonome. Un système de codage peut être adopté en fonction de la matière.

Exemples d'utilisation du post-it par matières scolaires ·

La lecture

Pour décrire les émotions, le décor, les personnages, résumer une page, un chapitre, créer des images symbolisant le sens.

Les cours de langue

Pour utiliser des images à la place des mots, donner la possibilité aux élèves de modifier le sens, de participer.

La géographie

Pour situer les villes, les pays et servir d'aide-mémoire pour les dates importantes illustrées d'images.

Encourager l'utilisation des post-it aide à mobiliser la petite assemblée pour des mises en situation. Encore une fois, l'association visuelle/auditive/kinesthésique est bénéfique pour l'apprentissage. Les étudiants sont libres d'utiliser le post-it lorsqu'ils le jugent utile pour prendre des notes, écrire une anecdote…

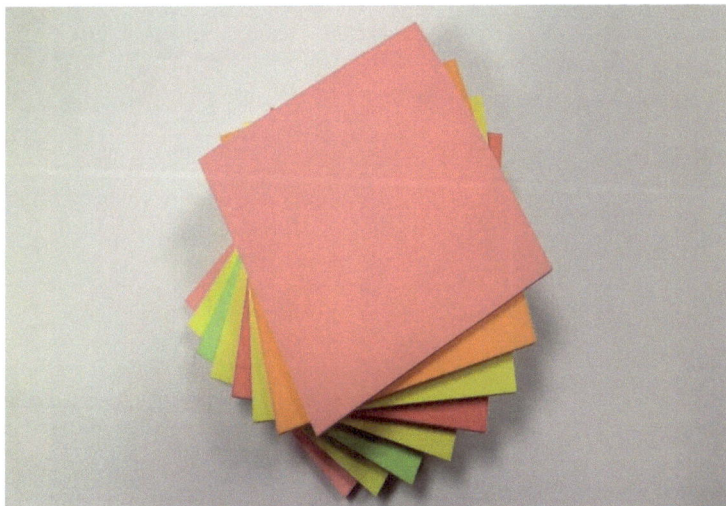

POST-IT MANIA

La guerre des post-it Nintendo :
une plante piranha de la série de jeux Super Mario

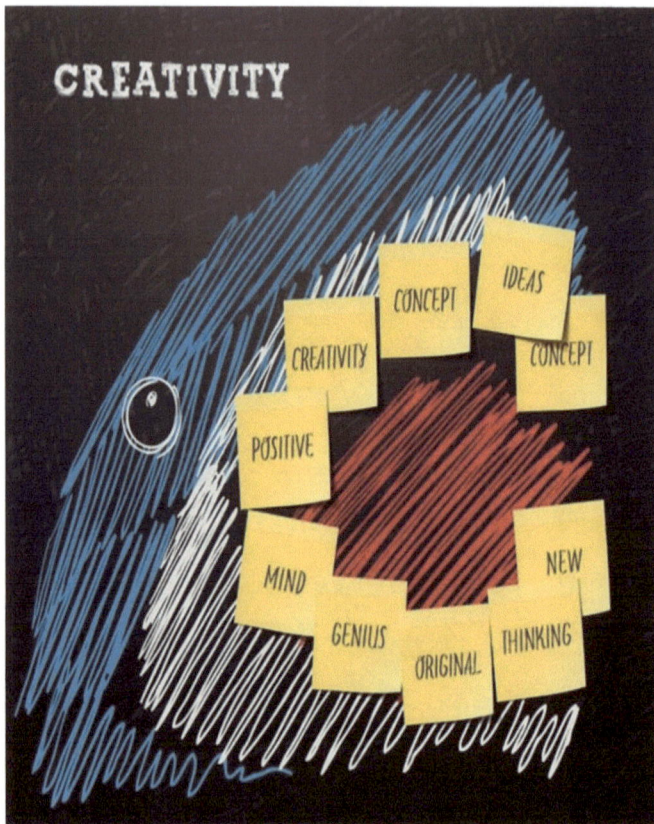

La Guerre des post-it Nintendo :

Pikachu et Salamèche

LES NOTES D'ENCOURAGEMENT

Certains enseignants américains utilisent des post-it sur lesquels ils ont imprimé des mots pour encourager leurs élèves. D'autre part, des établissements scolaires américains utilisent des tableaux d'affichage contenant des post-it.

Pour ma part, je propose d'étendre cette initiative à d'autres champs d'application.

Exemples de modèles de mots d'encouragement à imprimer sur des post-it pour ses élèves :

lepetitclasseur.wixsite.com/petitclasseur/single-post/2018/02/09/des-petits-messages-personnalis%c3%a9s-sur-vos-post-it

Autres exemples de mots d'encouragement :

LES HOMMES

Associez la discipline à la bienveillance, l'action à la réflexion, la force à la délicatesse.

LES FEMMES

Votre dévouement et votre bienveillance font de vous de bons exemples pour vos enfants.

LES ENFANTS

Soyez une source de joie pour vos parents. Reconnaissez la valeur de leurs sacrifices.

LES ENSEIGNANTS

Au royaume des aveugles, les borgnes sont rois. Cultivez les qualités de vos élèves.

LES EMPLOYÉS

Mettez du cœur à l'ouvrage afin de continuer à fournir un travail de qualité et rester motivés.

LES PORTEURS DE PROJET

C'est un parcours semé d'embuches. C'est aussi l'occasion de puiser dans vos ressources et de démontrer votre détermination.

RÉCAPITULATIF EN IMAGES : MES DÉCOUVERTES

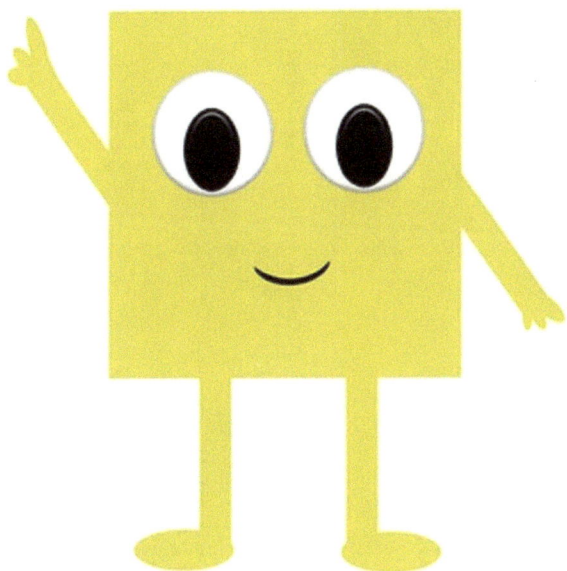

Ne vous découragez pas.

C'est souvent la dernière clé du

trousseau qui ouvre la porte.

Paulo COELHO

Contentez-vous d'agir et laissez

les autres parler.

Baltasar GRACIAN

Le succès n'est pas dans ce que
vous avez, mais qui vous êtes.

Se réunir est un début ; rester
ensemble est un progrès,
travailler ensemble est une
réussite.

Henry FORD

Si vous ne pouvez pas faire de
grandes choses, faites de petites
choses d'une grande manière.

Napoléon III

Notes autocollantes imprimables

(Provenance appareil photo Androïd)

Mangoslab Nemonic Printer

Cette petite imprimante thermique, qui se présente sous la forme d'un petit cube d'une dizaine de centimètres, communique en Bluetooth avec les appareils Android ou iOS, où une application dédiée permet de créer sa note avant impression. Il est possible d'utiliser l'un des modèles prêts à l'emploi ou de personnaliser entièrement sa création, qui peut comporter du texte, des dessins, des photos. Le prix de ce ravissant gadget varie entre 145 $ et 197 $, chaque note coûte environ 0,15 $. Pour plus de renseignements, rendez-vous sur le site officiel : www.mangoslab.com

Instant Happy Notes: 101 Sticky Note Surprises to Make Anyone Smile by Sourcebooks Inc

Ce livre très original est composé de 101 notes autocollantes contenant un message positif, une pensée, une citation... à coller sur le mur, le miroir ou le pare-brise du véhicule d'un ami qui a besoin d'encouragements. *Instant Happy Notes* peut être utile aux personnes qui souhaitent démarrer leur journée par une pensée positive, stimuler leur esprit et se motiver. Il n'est disponible qu'en anglais. Il mériterait d'être traduit en plusieurs langues. D'autre part, des citations célèbres, des principes de vie, voire des dolos (proverbes créoles) seraient appréciables. L'appel est lancé !

Résolution rapide de problèmes avec les post-it de David Straker

Cet ouvrage présente différentes méthodes d'aide à la recherche de solutions et prise de décisions. La plupart de ces outils sont faciles à utiliser, il suffit d'identifier le problème, de le décomposer en morceaux d'informations et de rassembler les éléments en suivant un schéma adapté au type de problème ou degré de complexité. Ce procédé s'appuie sur des modèles existants tels que le brainstorming, le diagramme de cause à effet, la carte mentale, le diagramme PERT, etc. Le post-it offre une plus grande flexibilité : il est plus facile de repositionner les bouts d'informations et de changer de direction à tout moment. Il contient de nombreux conseils afin d'utiliser ces outils efficacement. Il existe six techniques de base qui permettent de définir, trier, hiérarchiser et structurer les idées. Ce livre est disponible exclusivement en anglais.

MON EXPERIENCE

Comme la plupart des personnes organisées, j'utilise souvent des notes autocollantes dans le cadre de mon travail d'assistante commerciale au sein d'une concession automobile. Je suis chargée de l'immatriculation, la facturation des véhicules neufs et d'occasion, la gestion des reprises de véhicules d'occasion, la douane, la transmission des dossiers aux financeurs, le traitement des dossiers de location TT. Les tâches inhérentes à mon poste étant en somme toutes répétitives, j'ai cherché une solution afin de gagner du temps au quotidien de manière à augmenter ma productivité.

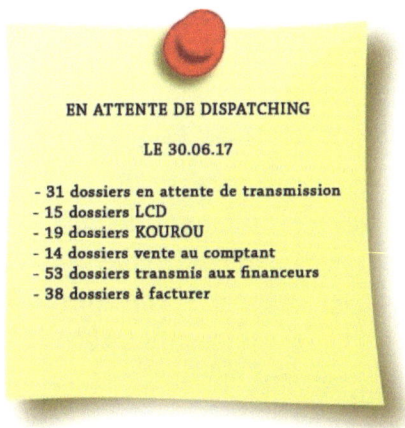

EN ATTENTE DE DISPATCHING

LE 30.06.17

- 31 dossiers en attente de transmission
- 15 dossiers LCD
- 19 dossiers KOUROU
- 14 dossiers vente au comptant
- 53 dossiers transmis aux financeurs
- 38 dossiers à facturer

C'est ainsi que j'ai fait la découverte des **notes autocollantes personnalisées**. Il suffit de créer votre modèle en ligne et de les commander. Rapidement, la fabrication a été stoppée en raison de la faible utilisation. J'ai persévéré dans mes recherches et déniché ce produit unique : **les notes autocollantes imprimables** !

Si vous avez l'habitude d'imprimer des étiquettes pour enveloppes, le principe est le même ! Il suffit de glisser cette feuille dans l'imprimante pour créer vos propres post-it ! Je suis très satisfaite de ce produit et le recommande vivement aux personnes pragmatiques, soucieuses de gagner du temps. Ce produit semble passer totalement inaperçu, car il n'est pas très plébiscité.

Ma découverte remonte à 2011, lorsque je constate que je consomme énormément de post-it suite au volume mensuel de dossiers à traiter, mes diverses responsabilités et les nombreuses anomalies rencontrées dans la gestion des dossiers qui me sont confiés telles que l'absence de documents concernant la facturation, l'immatriculation, les dossiers de financement, les reprises de véhicules d'occasion. Notamment, les attestations d'assurance, les Kbis, les contrats d'extension de garantie, les fiches IOB, les certificats de situation des véhicules, les fiches d'expertise. Des signatures manquantes sur les bons de commande, mandats d'immatriculation, feuilles d'entretien, les réserves de propriété, l'incohérence des informations sur les dossiers par rapport aux accords de financement, les bons de commande, les documents non complétés (déclarations d'achat, déclarations de cession, mandats d'immatriculation, fiches de livraison).

Assez souvent, les annotations sur les dossiers passaient inaperçues, d'où l'utilisation de post-it afin d'attirer l'attention des vendeurs. Les dossiers incomplets, comme j'aimais le faire remarquer à mes collègues, sont plus longs à traiter. Les mauvais jours, sur 20 dossiers, un seul était correct. Fort heureusement, les post-it sont très utiles. Le traitement des anomalies nécessite une certaine organisation afin de continuer à avancer, tout en gardant à l'esprit les problèmes à résoudre (problèmes de règlement, de distribution de carte grise, de mention de gage sur les véhicules, d'absence de signatures sur les dossiers de crédit, d'extensions de garantie non établies, de non-conformité des bons de commande…)

J'avoue que les notes autocollantes personnalisées en ligne et les notes autocollantes imprimables ont été deux solutions de grand secours, car il suffisait de surligner les informations ou de cocher des cases. Particulièrement, ces deux dernières années suite à la dégradation de mes conditions de travail et le surmenage consécutifs à mon passage à temps partiel en février 2015. De surcroît, j'ai recensé des anomalies sur 216 dossiers en l'espace de 2 ans ; ce chiffre est en deçà de la vérité.

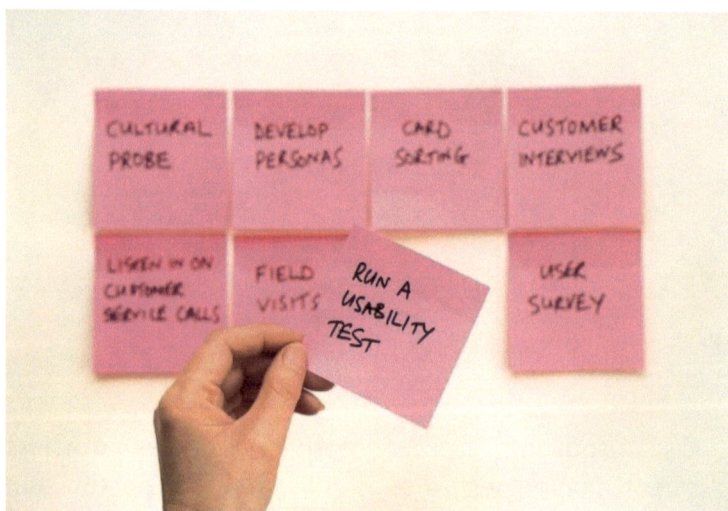

Durant cette période très difficile, j'ai entendu les mots « entraide et solidarité », pour la première fois, le 30 juin 2017. Prouvant, de ce fait, que la bienveillance ne se situe plus au cœur de l'action dans l'entreprise. Ce jour-là, j'ai aussi entendu une phrase qui mériterait de figurer dans le palmarès de la plus mauvaise excuse pour ne pas faire le travail : « Je n'ai pas dispatché les dossiers, car je ne savais pas comment tu agrafais les documents. »

En dépit des piles de dossiers qui s'amoncelaient sur mon bureau, l'utilisation de post-it me permettait de regrouper les dossiers par catégorie afin de mieux me repérer et identifier rapidement les dossiers urgents à traiter. Afin d'éviter le gaspillage de papier, je renseignais certaines zones au crayon à papier. C'est à ce moment-là que j'ai découvert de nombreux articles intéressants sur ce sujet. Il existe un véritable engouement pour ce petit bout de papier en France et aux États-Unis.

Exemples de notes autocollantes imprimables utilisées

BON DE COMMANDE A REFAIRE

- ☐ Montant carte grise
- ☐ Montant remise
- ☐ Montant reprise VO
- ☐ Prix modèle
- ☐ Prix de vente
- ☐ Prix option
- ☐ Forfait livraison

Attente confirmation

réception

dossier financement

Mail du ____/____/2016

SVN00_____

Exemples de notes autocollantes réalisées à partir du site Vistaprint

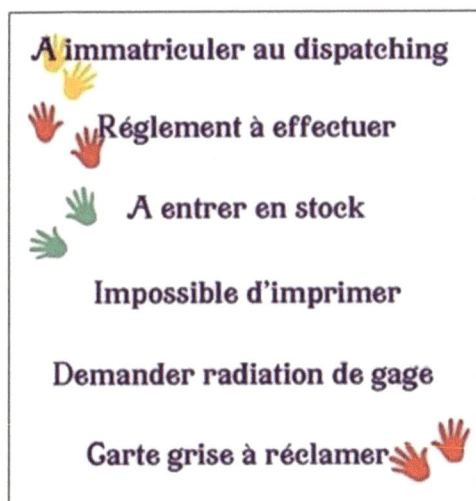

Attente n° Police

Signature feuille d'entretien

Véhicule à gager

BC à refaire

FE+CPI à transmettre

Facture à envoyer

A immatriculer au dispatching

Réglement à effectuer

A entrer en stock

Impossible d'imprimer

Demander radiation de gage

Carte grise à réclamer

LA GUERRE DES POST-IT

I n'est pas question ici de recenser le nombre de victimes ou d'estimer les dégâts matériels. Bien au contraire ! Une effervescence grandissante s'empare des participants. Les protagonistes représentent essentiellement des salariés. Les antagonistes se décomposent en trois principaux groupes :

Les écologistes

Une vidéo de la WWF invite les personnes à prendre conscience de l'énorme gaspillage de papier engendré par la guerre des post-it. Elle utilise la même méthode de propagande que ses adversaires afin de diffuser son message. Après tout, c'est de bonne guerre ! Cette vidéo met en lumière les impacts sur l'environnement à l'aide d'images animées constituées de post-it, afin d'illustrer la destruction des arbres. Le message est lancé :

Save trees, save life !

www.culturepub.fr/videos/wwf-post-it-war

Les traditionalistes

Ces derniers prônent un mode d'utilisation classique et déplorent ce gaspillage énorme de papier. Inutile de mentionner l'augmentation des frais de fournitures, le contexte économique qui conduit bon nombre de sociétés à mieux maîtriser leurs coûts.

Les chefs d'entreprise

Qu'en pensent-ils ? Les avis semblent assez mitigés même si certains n'opposent aucune objection car les activités se déroulent durant la pause déjeuner. Cependant, certains salariés qui avaient pourtant obtenu l'aval de leur direction, voient leurs réalisations disparaître au bout d'un moment. A contrario, des entreprises récompensent les performances réalisées (tickets de cinéma, etc.) Concernant les dirigeants qui se montrent favorables, il s'agit avant tout de créer une adhésion et cohésion au sein des équipes. Quant à ceux qui manifestent une certaine réticence, les raisons ne sont pas clairement évoquées. Peut-être est-ce une question de politique ou d'image de l'entreprise.

En France

Ce sont des employés du développeur de jeux vidéo Ubisoft, à Montreuil, Thibault Lhuillier et Émilie Cozette, qui sont à l'origine de ce jeu d'un nouveau genre afin de distraire les équipes et défier les salariés des autres sociétés. C'est ainsi que cette compétition est propulsée sur la scène des médias en 2011.

Le défi consiste à reproduire des fresques sur les fenêtres des bureaux. L'offensive est lancée par l'apparition de l'alien pixélisé de Space Invaders, le fameux jeu d'arcades apparu dans les années 1980 sur la façade de l'immeuble. La réaction ne tarde pas. Peu après, un canon extrait du même jeu, qui sert à détruire les fameux aliens, surgit des fenêtres de l'immeuble d'en face, une agence de la BNP.

Une mode est lancée, « *post-it war* », qui se propage comme un virus en Île-de-France, en particulier dans le quartier de la Défense et à Issy-les-Moulineaux, puis dans toute la France, enfin dans le reste du monde. Les véritables adeptes privilégient le terme de « post-it art », afin de préserver l'aspect artistique et social de l'événement. Gerald Seguin, fondateur d'une agence de communication Gustibus et Coloribus, particulièrement impliqué dans le développement du mouvement, a créé le site Internet www.postitwar.com, qui permet aux participants de mettre en ligne leurs créations. Ce site connaît un succès important, à la fois en termes de fréquentation et sur les réseaux sociaux. Une page est dédiée aux nombreux reportages réalisés par les chaînes télévisées telles que France 3, Le Monde, l'Express, BFM ; les médias étrangers n'étant pas en reste. Le reportage de France 3 met l'accent sur le rassemblement des équipes autour d'un thème fédérateur, les challenges entre sociétés. Désormais, des salariés qui se croisaient dans la rue sans se connaître se retrouvent pour échanger et partager le petit-déjeuner ensemble. Un directeur approuve cette pratique dans la mesure où elle se déroule durant la pause de midi, suscite l'enthousiasme des salariés et stimule leur créativité.

La majorité des dessins représentent des personnages pixélisés de jeux vidéo des années quatre-vingt. Cependant, les personnages de BD occupent aussi une place importante. Les super-héros tels que Batman, Spider-Man, Captain America font irruption sur le devant de la scène, signifiant leur présence symbolique ! Les décors s'enchaînent d'un immeuble à l'autre, ramenant à la vie des personnages issus d'une époque lointaine. C'est ainsi que des représentations de héros tels que Tintin et Obélix animent les façades autrefois ordinaires des immeubles et offrent un spectacle aux passants intrigués.

Les constructeurs automobiles

Les constructeurs entrent dans la danse, victimes de la frénésie qui s'empare des grandes sociétés parisiennes. Une nouvelle expression artistique qui favorise la communication booste la motivation des équipes et contribue à renforcer l'image desdites marques auprès du grand public. Il est possible de visionner cette fresque réussie de la marque Citroën à partir du site suivant : www.automotive-marketing.fr/2605/citroen-et-renault-integrent-la-post-it-war

Aux États-Unis

La guerre des post-it puise ses origines aux USA. Aucune information n'est disponible sur le Web avant 2016. Mais, il est indéniable que les batailles épiques font rage aux États-Unis, dont la célèbre ville de New York.

Un étrange phénomène a été observé dans une station de métro new-yorkais. Une artiste, Emily Bachman, a proposé une thérapie de groupe aux passants afin de s'exprimer à travers des notes collées sur le mur, suite à l'élection de Donald Trump. Certains messages sont empreints de colère, de tristesse, de résignation...

Des employés d'une société américaine ont entrepris de décorer les murs de leur bureau. Le résultat est surprenant ! Constatez les images par vous-même : hitek.fr/42/decoration-bureau-post-it-super-heros_2811

Tout a commencé de manière innocente aux États-Unis et plus précisément à New York. Le 10 mai 2016, un employé de l'entreprise Harrison and Star, située au 75 Varick Street, a décidé pendant sa pause déjeuner d'écrire un simple « *Hi* » (Salut) à l'aide de post-it sur sa fenêtre au sixième étage. La réponse ne s'est pas fait attendre ; les employés de l'immeuble d'en face, au 200 Hudson Street, lui répondirent « *Sup* » et « *HU Phy* ». Mais ce n'était qu'un début : pendant deux semaines, durant le mois de mai, les employés de plusieurs agences de marketing et de communication (très nombreuses dans ces tours de bureaux de Manhattan) se sont prêtés au jeu. Havas Worldwide, Horizon Media, Cake Group, Biolumina, Harrison and Star et plusieurs autres ont suivi. Les employés de ces sociétés ont petit à petit, pendant les pauses déjeuner et après les heures de bureau, changé la vision du travail en équipe avec des messages et des images tous plus originaux les uns que les autres : Les Simpsons, Batman, Pikachu, Angry Birds, Logo Snapchat, Marilyn Monroe, etc.

E3 Expo 2012- Cut the rope post-it note display

Le phénomène est devenu viral. La société Havas a même permis à ses employés de prendre sur leur temps de travail pour répondre aux challenges des *post-it war*. Les employés ont rivalisé de créativité et d'ingéniosité pour s'exprimer via les post-it, devenus le temps de la *battle*, un véritable art.

Ainsi, les employés de Biolumina ont même organisé des réunions, établi des stratégies, réalisé des maquettes avant la mise en place des post-it sur les fenêtres.

La guerre des post-it (*post-it war*), aussi appelée « CanalNotes », a duré ainsi pendant près de deux semaines, soutenue par l'entreprise 3M Company qui a fourni gratuitement en post-it les différentes entreprises pour encourager le buzz sur ces batailles. Les post-it utilisés lors des battles ont finalement été collectés et utilisés pour une campagne de collecte de fonds au profit du NY Veteran's Hospital. *Sources* : *New York Times*, May 17 th.

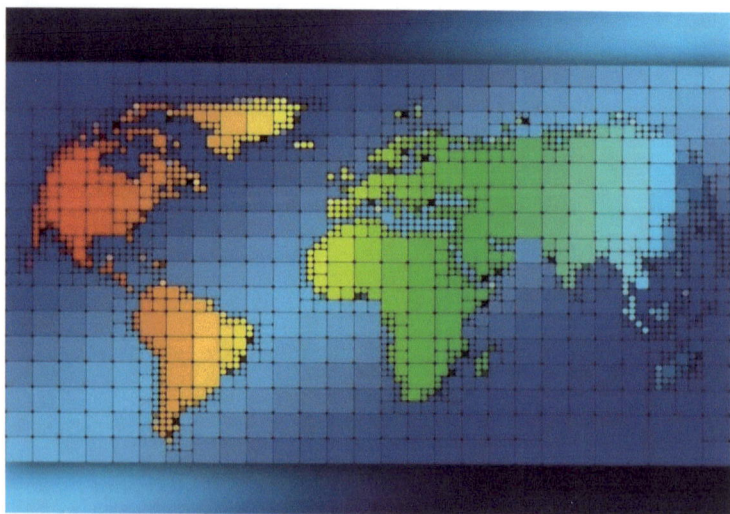

En Belgique

Deux lettres P ont été posées sur le chiffre 2012, entourées de trois notes de musique, afin de rendre hommage aux victimes du festival Pukkelpop sur les fenêtres d'une agence d'évènementiel de Hasselt, afin d'adresser un message de soutien aux familles des victimes et aux organisateurs du Pukkelpop en Belgique. Il est possible de consultez l'article directement sur le site : dhnet.be/actu/belgique/hommage-au-pukkelpop-en-post-it-51b77bc0e4b0de6db97dc95c

Au Québec

En 2015, Étienne Talbot, développeur chez iXmédia, a relancé, sans le savoir, une tendance amusante découverte en 2011 à Paris. Des personnages ont envahi les fenêtres des immeubles des entreprises Web et multimédia du quartier situé à Saint-Roch au centre-ville.

Source : www.lapresse.ca

Au Brésil

Une vidéo tourne en boucle sur le Web. Particulièrement, sur la chaîne YouTube nommée BOOM, spécialisée dans les canulars au Brésil. La victime en question est un automobiliste qui laisse son véhicule en stationnement sur un emplacement réservé aux handicapés. Ce conducteur ne devrait plus recommencer !

Source : www.huffingtonpost.fr

Dans le reste du monde

Ce déferlement de créativité démontre sans conteste que ce phénomène prend de plus en plus d'ampleur dans les entreprises. Le monde de l'enseignement n'est pas non plus épargné. Cependant, les données sur le Web restent incomplètes concernant notamment les pays asiatiques, d'Amérique latine, d'Afrique australe, etc. Mais est-ce que les participants ne sont pas suffisamment nombreux pour attirer l'attention des médias ? Ou s'agit-il d'un phénomène isolé ? Les entreprises sont-elles défavorables à ce type d'activités ?

Conclusion

La guerre des post-it soulève différents enjeux : le gaspillage de papier, le temps consacré par les employés à cette activité, l'accueil mitigé des employeurs, la perception globale des consommateurs par rapport à un simple bout de papier, une fourniture de bureau.

Le message de la WWF doit réveiller les consciences. Certes, cette guerre n'occasionne pas de coût en vies humaines, mais un immense gâchis en termes de consommation de papier. Il faut rappeler que la préservation de l'environnement reste l'un des enjeux majeurs pour la sauvegarde de la planète. D'une part, il y a la créativité, qui fait appel à des capacités spécifiques de l'hémisphère droit du cerveau, siège de l'émotion. D'autre part, l'énorme gaspillage de papier engendré par ce phénomène.

Une vidéo promotionnelle a été récompensée par le Webby Award en 2009 : les oscars des vidéos publicitaires sur le Net. Certains exploits sont, d'ailleurs, répertoriés dans le livre des records.

Une fresque de 190 000 post-it a été réalisée durant le tour de France de 2012. Il est possible d'admirer ce chef-d'œuvre dans Les Galeries Saint-Lambert à Liège en Belgique : https://gilderic.wordpress.com/2012/07/07/le-champion-du-post-it/

Est-il possible de concilier créativité et écologie ?

En effet, il existe des modes d'expression moins néfastes pour l'environnement. Le papier pourrait sembler désuet face aux nouvelles technologies. Pourtant, une bonne partie des consommateurs semblent privilégier le support papier en raison de ses propriétés physiques. En effet, ce support stimule davantage nos sens, tels que le toucher et l'odorat.

Bien qu'une note virtuelle soit plus sophistiquée, elle ne pourra jamais remplacer totalement le papier. Malgré les efforts déployés pour dématérialiser les documents, dans des domaines variés (éducation, e-commerce, télétravail etc.), la production de documents écrits est incontournable. L'objectif « zéro papier » n'est pas encore atteint. De multiples exemples montrent l'importance de l'écrit et son indissociabilité de l'usage du papier : devoirs scolaires, révision des cours, diffusion de notes d'information, affichage de posters, distribution de flyers, lettres, documents publicitaires dans la boîte aux lettres, etc. Notamment, au stade de l'apprentissage scolaire, dans le cadre professionnel (les annotations sur les dossiers ou sur des post-it) ou lors de projets créatifs tels que l'écriture d'un livre ou encore dans le cadre de travaux de recherche universitaires.

L'écriture manuscrite disparaitra-t-elle au profit du clavier ?

Selon l'article intitulé « Pourquoi l'écriture manuscrite est si importante », diffusé sur le site Passion santé, les lettres formées à la main sollicitent davantage la mémoire comparativement à l'utilisation d'un clavier. En effet, la mémoire motrice soutient la mémoire visuelle, dans la mesure où les lettres sont reconnues plus facilement par le cerveau. En outre, peu d'activités motrices, en dehors de l'écriture manuscrite, associent étroitement le fonctionnement du cerveau à la motricité du corps. Pour finir, les enfants avec une faible mémoire visuelle peuvent se rappeler des lettres, grâce à leur mémoire motrice et des exercices d'écriture. En effet, l'écriture manuscrite crée un souvenir dans le cerveau. Des études démontrent que les étudiants qui prennent des notes assimilent mieux les cours et obtiennent de meilleurs résultats que ceux qui utilisent un clavier.

L'association **Culture du papier**, créée en 2010, a pour credo cette phrase : « La liberté de savoir lire et écrire se nourrit d'encre et de papier. » Elle dénonce les effets de l'utilisation des écrans sur l'apprentissage et la mémorisation. Le papier étant le réceptacle naturel nécessaire à la culture, la littérature, la poésie, la musique, les images, les dessins... Culture du papier « a pour vocation de sensibiliser les pouvoirs publics, les décideurs économiques et l'opinion sur le rôle culturel, économique et social du papier, du carton et de l'imprimé, et ainsi d'en promouvoir le développement durable dans l'objectif d'une économie circulaire. Culture du papier apporte la vision nécessaire aux décideurs marketing, communication et achats, aux étudiants et universitaires, au grand public pour faire connaître les réalités économiques, sociales et écologiques, et les complémentarités du papier et de l'imprimé avec le digital, et combattre les idées reçues en s'appuyant sur des mesures scientifiques avérées. » Le site de l'association Culture papier : culturepapier.org

Qu'inspire le monde du travail de nos jours ?

La compétitivité de plus en plus accrue, voire féroce, à l'extérieur comme à l'intérieur de l'entreprise dans un contexte économique morose. Des conditions de travail difficiles avec des objectifs revus sans cesse à la hausse, qui nécessitent des actions rapides ou une simplification des taches passant par une standardisation des procédures. La recherche constante de profit, l'exacerbation des rivalités, la pression financière, les méthodes managériales brutales, le stress, le surmenage, la mauvaise ambiance, le harcèlement moral, le manque de coopération, la déshumanisation du travail, l'absence de bienveillance. La liste des aspects négatifs du monde de travail est longue, n'est-ce pas ? De tels environnements de travail, y compris la standardisation des normes, laissent peu de place à la créativité.

Des études démontrent que l'utilisation abusive d'appareils électroniques crée une dépendance tant chez les adultes que les enfants. Pour visionner un livre numérique, il est nécessaire de posséder un appareil électronique, un logiciel et une connexion Internet. Le livre, lui, ne s'embarrasse pas de tous ces accessoires. Quelles que soient les préférences, la modération est conseillée. Par exemple, en évitant d'imprimer des documents inutilement.

L'article intitulé « L'homme est l'avenir du papier » aborde différents aspects dont la déforestation.

Cette phrase est tirée du site, sous l'intertitre « Que serait un monde sans papier » : www.cairn.info/revue-realites-industrielles1-2012-4-p-11.htm

Des études révèlent que la majorité des Français, préfèrent le livre papier au livre numérique.

- « Comme l'écriture, la lecture est d'abord une aventure personnelle, tactile et visuelle, dans laquelle s'exercent les sens autant que l'acuité cérébrale. Nous savons le rôle du papier pour perpétuer la mémoire de nos civilisations. »

• Cette guerre affecte aussi les créateurs du post-it par la revendication de la paternité du projet. Il est question de plusieurs millions de dollars et d'une bataille juridique qui est partie pour durer.

Il est important d'insister sur les ravages causés par la déforestation tant sur le plan économique et social. Des populations entières voient leur environnement se dégrader et leurs ressources diminuer. Les industries continuent à exploiter le bois à outrance, sans se soucier des impacts sur l'environnement, la préservation d'espèces rares et les modes de vie en harmonie avec la nature.

En outre, dans certains établissements scolaires aux USA, l'heure n'est plus au livre papier. Les étagères sont envahies peu à peu par des tablettes numériques. Certes, les cartables sont plus légers. Mais qu'en est-il de la préparation des cours et des révisions ? Il est difficile d'imaginer un enfant de six ans maîtriser aussi facilement cet outil. Le processus d'apprentissage de la lecture semble assez complexe ; les gestes et mouvements de la main sollicitent un système de coordination du cerveau lié à la notion de repérage dans l'espace. La surface plane du papier me semble plus adaptée à la pratique de cet exercice.

En ce qui concerne la prise de notes, qui a déjà essayé d'utiliser un clavier ? J'ai tenté cette expérience une fois, j'ai rapidement laissé tomber et sorti mon stylo.

Le papier possède des caractéristiques, qui lui confèrent un avantage certain sur les nouvelles technologies. Qui ne s'est jamais retrouvé dans l'impossibilité d'accéder à ses fichiers au travail ? Par mesure de précaution, je créais des imprimés à compléter manuellement. Notamment, les bordereaux d'envoi en préfecture. Pour finir, je dirais que le papier prend de la place, mais reste accessible à tout moment. Il ne nous fera pas faux bond lors d'une coupure d'électricité. Il reste fidèle et difficile à falsifier.

MON SITE POST-IT DIY 973

L'objectif premier consistait à mettre en avant les notes autocollantes personnalisées en ligne et les notes autocollantes imprimables.

Ce site vise à encourager l'utilisation de tels supports écrits, qui s'étend au-delàs de la sphère professionnelle. Les enseignants et les étudiants pourraient bénéficier des avantages, dans le cadre de la préparation des cours.

En plus d'être originales et pratiques, le gain de temps est assuré. En effet, il suffit simplement de les coller sur le dossier et de surligner les informations. Il n'est plus nécessaire d'écrire !

La vente de notes autocollantes imprimables figurait parmi certains de mes projets. Ce produit unique, en ce qui me concerne, est très utile dans le cadre de tâches répétitives.

Pour les personnes qui souhaiteraient obtenir plus de détails sur ce projet, je vous invite à vous rendre sur mon site : https://post-it-diy-973-53.webself.net

LE PAPIER CONTRE-ATTAQUE

Face à l'invasion des nouvelles technologies, les différents chefs de papier décident de mettre en place une coalition. Le très respectable général A4, accompagné du colonel A3, du commandant A5 et du sergent A6, convoque les différents responsables afin de lancer un plan d'action. Le chef du papier en carton, du papier aluminium, du papier en plastique, du papier magnétique, du papier autocollant, du papier sulfurisé sont conviés.

Le général A4 démontre que le marché du livre électronique entraînera la disparition totale des livres dans les écoles d'ici dix ans, si aucune mesure n'est prise. En effet, les bibliothèques scolaires se videront peu à peu, pour laisser place aux tablettes numériques. Bientôt, les enfants n'auront plus besoin de livres pour apprendre à lire ou écrire.

Le chef du papier en carton proteste en affirmant que les humains auront toujours besoin de cartons pour emballer leurs colis. Le général le prévient que ce ne sera plus le cas dans quelques années, car un nouveau procédé est à l'étude actuellement afin de remplacer le carton.

Le chef du papier autocollant souhaiterait connaître les actions qu'il préconise. L'éminent général A4 prévoit de se rendre en France afin de découvrir les raisons pour lesquelles le livre papier est si présent et expliquer ce contraste avec les États-Unis, leader sur le marché.

Dans un second temps, une équipe d'experts sera chargée d'infiltrer le siège mondial des fabricants d'appareils électroniques afin de découvrir les points faibles de l'ennemi. À cet effet, des agents d'infiltration assureront leur protection. Le but de cette opération consiste à récupérer des données sensibles concernant les plans de fabrication.

Enfin, une troisième équipe devra organiser des opérations de séduction auprès des entreprises et du grand public afin de les rallier à leur cause. Personne n'ayant de question, la séance est levée.

Le lendemain, le quartier général est mis en place afin d'élaborer les différentes stratégies à mettre en œuvre. Au bout de trois jours, les opérations sont lancées. Tout d'abord, un carton contenant des livres est envoyé à la Bibliothèque nationale de France. Le général A4 estime qu'il est primordial de découvrir les raisons expliquant le désintérêt des Français pour le livre numérique.

Dans un second temps, l'équipe d'experts réussit à s'introduire dans les bureaux d'une grande firme spécialisée dans la fabrication d'appareils électroniques et la conception d'agendas en ligne. S'agissant de la dernière équipe, une journée centrée sur le thème du papier est organisée dans plusieurs pays. Malheureusement, elle se retrouve confrontée aux écologistes, qui dénoncent l'énorme gaspillage de papier et les ravages causés par la déforestation massive.

Les différentes équipes doivent entrer en contact toutes les vingt-quatre heures avec le centre opérationnel afin d'assurer la liaison radio. L'ensemble des équipes transmettent le compte rendu de la situation comme prévu. Cependant, la mission de l'équipe n° 2, dirigée par l'agent Post-it S, est interrompue par l'arrivée d'une employée vers trois heures du matin.

L'employée leur explique qu'elle connaît leur intention et souhaite les aider, ce qui rend l'agent Post-it S très sceptique. Néanmoins, il décide de l'écouter. Cette dernière cherche à déjouer leur projet visant à supprimer le post-it classique. Son amie Postina a recueilli des données concernant un dossier ultra-confidentiel, intitulé POST STICKS ANIMATION.

L'agent Post-it S se demande où se trouve son amie. Cette dernière apparaît soudainement et lui affirme qu'elle les observe depuis le début. De plus, c'est elle qui a contacté Anista afin d'intervenir. Elle travaille comme assistante commerciale depuis neuf ans dans cette boîte et n'a jamais assisté à une telle effervescence autour d'un projet. Cependant, elle est tombée par hasard sur un document ultra-confidentiel et a commencé à mener sa propre investigation.

L'agent Post-it S préfère connaître les faits avant de contacter la base. Les deux amies comprennent qu'elles auront besoin de toute l'aide possible. Anista avoue qu'elle ne connaît pas encore la portée des informations en sa possession, car il lui manque des morceaux du puzzle.

Pour faire simple, les nouveaux autocollants seront connectés, grâce à la nanotechnologie. Plus besoin d'écrire ! Il suffira de programmer les messages vocaux à diffuser. Notamment des alertes, rappels, qui peuvent être convertis automatiquement en texte. Une note pourra contenir une grande quantité de données numériques. Imaginez un support unique pour tous vos messages, de la simple liste de courses au rappel d'un rendez-vous important. Les enfants pourront visualiser des post-it animés qui formeront des mots ou des dessins sur n'importe quelle surface, du réfrigérateur au mur de leur chambre. À vrai dire, je crains que ce concept ne se limite pas uniquement aux notes autocollantes. Il pourrait bien s'étendre aux différents formats papier. Notamment, les affiches ou les notes d'information.

La guerre des post-it sera aussi impactée, car les employés n'auront plus besoin de former des équipes pour réaliser des fresques. Il suffira d'appuyer sur un bouton ! De plus, des images différentes pourront s'enchaîner pour une même fresque grâce à un repositionnement automatique des notes.

Au regard de ces informations, l'agent Post-it S décide d'en référer le QG. Pendant ce temps, la troisième équipe essuie un cuisant échec face aux associations de défense de l'environnement. Comprenant la gravité de la situation, il décide d'accepter l'aide d'Anista et de Postina. Les deux amies indiquent que le temps ne joue pas en leur faveur, le projet étant en passe d'aboutir. De ce fait, Anista confie une clé contenant des fichiers à l'un des experts pour analyse.

En attendant, l'agent Post-it S entreprend d'en savoir plus sur ces alliées inattendues. Il apprend qu'Anista aime collectionner les post-it, en est une grande consommatrice et travaille sur un projet de distributeur de post-it personnalisés. Quant à Postina, elle est issue d'une famille de notes autocollantes excentriques et joue le rôle principal dans une série policière de post-it stop animation. Elles se sont rencontrées lors d'une exposition de post-it.

Au bout de quarante-huit heures, l'équipe d'experts annonce une bonne nouvelle : ils ont découvert le moyen de détruire les nanobots incrustés dans chaque note. Il suffit d'intégrer un programme d'autodestruction et le tour est joué.

L'expression sur le visage d'Anista est peu rassurante et interpelle l'agent qui la questionne. Malheureusement, le serveur central se trouve dans un lieu tenu secret, basé en Guyane française. La surprise est de taille, l'agent reste interloqué, il n'a jamais entendu parler de ce pays. De surcroît, il ne reste qu'une semaine avant le lancement commercial. Le plus inquiétant, c'est que la localisation reste inconnue. Par chance, Postina connaît un ami très (auto)collant qui pourrait détenir cette information. Il travaillait dans la section de recherches et a été muté là-bas. Elle possède ses coordonnées téléphoniques.

Tous conviennent d'une stratégie commune afin de découvrir l'emplacement. L'avion atterrit le lendemain et ils se rendent directement dans la ville de Kourou. Pendant que Postina l'éloignera de son domicile, une équipe s'introduira dans son appartement à la recherche d'indices. Concernant Postina, elle prend son rôle très à cœur. Ils apprennent que l'emplacement exact se trouve aux îles du Salut et embarquent immédiatement. L'opération est un succès, ils neutralisent les quelques post-it gardes postés à l'entrée et les nanobots sont détruits. La mission achevée, les diverses équipes retournent à la base.

Malheureusement, aucun compromis n'a été possible avec les écologistes. Heureusement, le général A4 a pu percer en partie le mystère concernant la préférence des Français pour le livre papier. Il semblerait qu'il existe un lien intrinsèque entre la matière et l'esprit. Le besoin de contact avec le papier, de s'imprégner de la sensation liée au toucher, la complexité du processus d'écriture ne pourront jamais être comblés par le numérique.

Pour finir, Anista décide de poursuivre son projet de création de distributeur de post-it. Quant à Postina, elle décide de rester quelque temps afin de découvrir ce beau pays.

Deuxième partie

LA SURPRENANTE GUYANE

PRESENTATION GENERALE

Ce département français d'outre-mer situé en Amérique du Sud regorge de richesses tant sur le plan de la faune que de la flore. Des personnalités ont marqué l'histoire de ce pays : Félix Éboué, Léon Gontran Damas, René Jadfard, etc. Sa capitale, la ville de Cayenne, possède une histoire et des monuments qui témoignent de sa singularité. Quant à la ville spatiale de Kourou, le CSG (Centre spatial guyanais) est l'un des plus grands moteurs économiques du pays. Les touristes peuvent découvrir des sentiers, des sites, des criques, les marchés aux légumes, les coutumes et traditions, la nature qui est très présente. Ils viennent observer la ponte des tortues luth sur les plages. Un événement qui reste incontournable est le carnaval qui dure jusqu'à deux mois et demi. L'impulsion est donnée par l'arrivée du roi Vaval, les cavalcades du dimanche et les bals masqués. Les novices peuvent suivre des cours de danse afin de mieux profiter de l'ambiance qui règne dans les dancings. Sans compter le folklore, qui devrait constituer une bonne source d'inspiration.

De nombreux ouvrages vous permettront de découvrir les différentes facettes de ce beau pays. La présente partie de cet ouvrage qui lui est consacrée ne donne qu'un infime aperçu du potentiel de ses richesses en termes de culture, traditions et savoir-faire. Les ouvrages ci-dessous étudient ces questions de plus près.

- Michel Aubert, *La Guyane : Terre de tous les rêves*, Les Éditions du Panthéon, Paris, 2017.

- Roland Bernard, *Guyane, terre d'aventures : Commune par commune*, Orphie, Saint-Denis, La Réunion, 2012.

- Pierre Bourbon, Hervé Théveniaut, *Curiosités géologiques de la Guyane*, Orphie, Saint-Denis, La Réunion, 2018.

- Auxence Contout, *Contes et légendes de Guyane*, Maisonneuve & Larose, Paris, 2003.

- Diana Ramassamy, *Les Nouveaux Maîtres de la parole créole*, HC Éditions, Paris, 2012.

- Bernard Montabo, *L'Histoire de la Guyane*, Tome 2, De 1848 à nos jours, Orphie, Saint-Denis, La Réunion, 2004.

- Réné Jadfard, *Nuits de Cachiri*, Fasquelle, Paris, 1946.

LES DEBUTS DE L'ENSEIGNEMENT EN GUYANE

L'école, en Guyane, sous le système colonial, véhiculait un mode de pensée et de conduite nécessaire à l'acquisition de la culture. L'apprentissage d'un métier occupant le second plan. Indéniablement, l'enseignement est calqué sur le modèle de la Métropole.

Jusqu'au XVIIᵉ siècle, la scolarisation pose un inconvénient majeur aux colons représentant la classe des maîtres, qui souhaitent que leurs enfants bénéficient d'un enseignement identique à la Métropole. Par conséquent, la coutume veut que les plus fortunés y envoient leurs enfants, dès leur plus jeune âge pour suivre la totalité de leur scolarité.

En ce qui concerne les enfants des familles les moins privilégiées, des institutions voient le jour en Guyane : le collège de Cayenne (créé à la fin du XVIIᵉ siècle), le pensionnat des sœurs de Saint-Paul de Chartre, des écoles privées (au fonctionnement sporadique sous la direction de particuliers).

En matière de scolarisation, les intentions des autorités politiques de l'époque envers la colonie restent ambiguës.

En effet, elles souhaitent maintenir le fondement de la société coloniale grâce aux plantations, mais cela est contradictoire par rapport à la suppression de l'esclavage. Par ailleurs, une ascension trop rapide des nouveaux affranchis n'est pas souhaitable.

L'administration coloniale s'évertuera à contrecarrer les effets de l'abolition de l'esclavage en 1848 en maintenant uniquement ouverts les établissements situés à Cayenne. De plus, les parents des enfants scolarisés dans les établissements scolaires de Cayenne devront verser une taxe à l'État à partir de 1854, en dépit du fait que l'abolition de l'esclavage est assortie de l'obligation de gratuité des écoles publiques et l'organisation de cours pour adultes. L'unique école rurale maintenue est celle basée à Mana. Par conséquent, les écoles de Cayenne, Kourou, Sinnamary, Mana etc., assistent à une inscription massive d'élèves.

Le régime colonial connaît un assouplissement à partir de 1868. Les écoles communales de Kourou, Sinnamary, Roura, Montsinery sont définitivement rouvertes et la taxe des écoles de Cayenne supprimée en 1875. Celles-ci sont administrées par des religieux jusqu'en 1890. Les sœurs de Saint-Joseph de Cluny dirigent les écoles de filles et les frères de Ploërmel, celle des garçons.

Après la chute de Napoléon III, les écoles deviennent laïques à commencer par le collège de Cayenne en 1878. Les autres écoles suivront en 1889-90. Puis, l'école de filles de Mana vers 1905. Jusqu'à la moitié du XXe siècle, le système éducatif français est divisé en deux catégories d'établissements indépendantes et ne dispensant pas les mêmes connaissances : les collèges d'une part et les écoles communales d'autre part.

Le jeune bourgeois ou aristocrate poursuit toute sa scolarité au collège de l'âge de 7 à 18 ans. Parallèlement, les enfants issus de classes modestes intègrent l'école communale jusqu'à l'âge de 13 ou 14 ans, avant d'entrer en apprentissage. Par défaut, la filière de qualité correspond à un enseignement littéraire et classique. La formation morale et religieuse est dispensée à tous les niveaux jusqu'en 1881. Par la suite, l'éducation civique apparaît comme étant indispensable, afin de voir émerger de bons travailleurs.

Le principal objectif du collège consiste à former les élites de la société. Après le baccalauréat, ils entreront dans la vie active ou compléteront leur formation dans une école de droit, de médecine, commerce, etc. Sous la IIIe République, l'enseignement primaire supérieur vient compléter la préparation au brevet élémentaire, les EPS (Écoles primaires supérieures) à la préparation du brevet supérieur. Ces deux établissements possèdent des ateliers.

Le fonctionnement traditionnel du collège en France reste confus. En effet, jusqu'au début du XXe siècle, la majorité des élèves est concentrée dans le niveau primaire (cours élémentaire et moyen jusqu'en 1895) et primaire supérieur en vue de la préparation du brevet élémentaire et supérieur.

Une minorité d'élèves suivent quant à eux un enseignement classique avant d'achever leur scolarité dans un collège de la Métropole. Les dernières sections préparatoires au brevet colonial (équivalent du bac) sont mises en place de 1924 à 1928. Le fonctionnement ne correspond pas à la définition prévue. Ces deux filières n'ont fonctionné qu'en partie. À l'exception des écoles de filles de Cayenne, aucune école communale n'a fourni de cours complémentaires.

L'École des arts et métiers, prévue en 1849, n'a jamais vu le jour. La situation ne diffère guère concernant l'atelier du bois en attente de création depuis 1890 au sein du collège et dont le fonctionnement cesse rapidement. Il est remis en place à partir de l'entre-deux-guerres. L'établissement est déserté par les enfants de fonctionnaires coloniaux, de commerçants etc. Ceux-ci préfèrent envoyer leurs enfants en Métropole afin de bénéficier d'une meilleure qualité d'enseignement.

Les nouveaux affranchis se sentent découragés face aux nombreux sacrifices qu'ils doivent consentir pour scolariser leurs enfants. Par conséquent, les effectifs scolaires ne progressent significativement qu'au début du XXe siècle.

Le collège de Cayenne est le premier établissement fondé à la fin du XVIIe siècle. Il a été reconstruit en 1740. Il est destiné à l'accueil des fils de colons. Il n'existe pas de véritable établissement pour filles. Une poignée de filles sont reçues par les sœurs de Saint-Paul de Chartres dès 1727, dont la mission première était d'assurer les soins dans l'hôpital fondé par les jésuites. Ce début de scolarisation correspond à un besoin de socialisation émanant de la population privilégiée après un siècle de colonisation.

La création du collège correspond à une mesure décisive dans la politique coloniale. Notamment, la volonté de la royauté d'étendre la colonisation par l'application de certains décrets. Précisément, celui de 1693 interdisant à tout résidant de quitter la colonie sous peine de mort. Le choix des jésuites s'avère un choix judicieux, car ces derniers sont réputés pour être des missionnaires zélés et de bons enseignants. Ils ont bénéficié de plusieurs donations. Particulièrement de Mme Paille, qui décida de léguer des biens à la colonie afin de permettre l'éducation des enfants de la ville. Par conséquent, bâti en 1690, le collège a été construit sur l'emplacement actuel (le collège Nonnon).

L'enseignement prodigué au collège par les jésuites vise trois objectifs au-delà de l'apprentissage de base : la défense de la foi, la connaissance de la langue, l'éducation du corps et de l'esprit. Une attention particulière est accordée à l'hygiène, la bonne santé des élèves, les moments de détente, suivant les principes établis par Ignace de Loyola : « Un esprit sain étant dans un corps sain, tout deviendra plus sain et plus propre à servir Dieu. »

Cet établissement s'apparente à une maison d'éducation destinée probablement aux filles déjà scolarisées afin d'approfondir leurs connaissances de base, leur formation religieuse et la pratique de travaux manuels comme la couture, la broderie, la cuisine etc. Une véritable école pour filles sera effective en 1822 avec l'arrivée de quatre sœurs de la congrégation de Saint-Joseph de Cluny, après la période révolutionnaire et le retour de l'autorité française en Guyane, dans un contexte de mécontentement des familles issues d'une société esclavagiste caractérisée par des préjugés tenaces.

Les sœurs veilleront au maintien des bonnes mœurs. Tout contact est interdit entre internes et externes, particulièrement avec les enfants d'esclaves et les petits vagabonds. Un emploi du temps chargé permet de garder les pensionnaires occupées. Extrait des activités de la journée :

- Le lever à 5 heures du matin.
- La prière à 5 heures trois quarts.

- La messe de 6 heures, à laquelle assisteront les demi-pensionnaires et les externes.
- Rentrées à la classe, elles réciteront les leçons qu'elles auront apprises la veille.
- Le déjeuner à 10 heures, que les externes iront prendre chez leurs parents.

Suite au départ des jésuites, la gestion du collège sera confiée aux pères du Saint-Esprit en 1773.

Le présent ouvrage n'a pas pour objet d'interpréter les décisions en matière d'éducation sous la période coloniale. Il présente simplement les différentes étapes de son implantation et de son organisation en Guyane.

Ce thème n'est pas entièrement traité. Pour approfondir la question, se référer à l'ouvrage suivant qui contient des trésors d'informations : *La Grande Encyclopédie de la Caraïbe,* Tome 7, *Histoire de la Guyane* par Vincent Huyghes-Belrose.

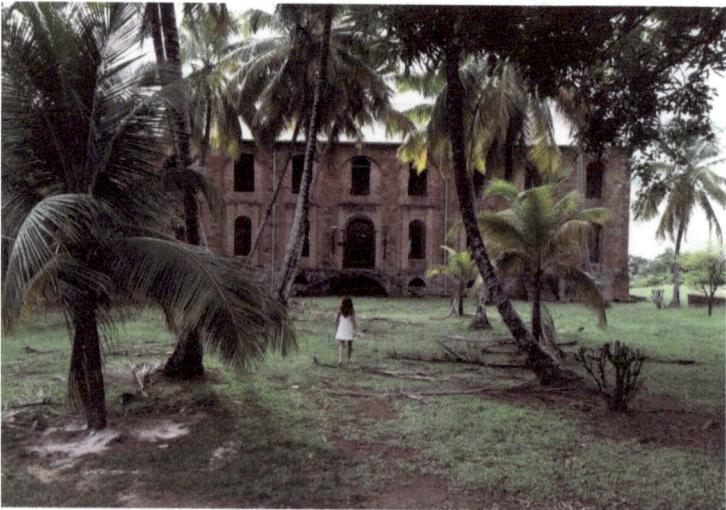

CACAO D'AMAZONIE

Qu'évoque pour vous le cacao ? Pour découvrir le processus de fabrication du chocolat, vous pouvez toujours consulter des informations sur le Web. Mais, si vous voulez vivre une expérience incomparable, **Cacao d'Amazonie** vous emmènera au cœur de l'action, en pleine Amazonie.

Le producteur de cacao et artisan chocolatier, **Olivier Dummett**, soucieux de mettre en avant les produits issus de la nature, organise des ateliers de découverte, afin de faire connaître ces techniques artisanales au grand public et partager sa passion. Vous pourrez découvrir cette passion dans un film réalisé par les élèves de la MFR de Régina, en partenariat avec la Direction des affaires culturelles, et visible sur leur page Facebook.

Vous verrez les différentes étapes de la transformation, de la récolte à la fermentation, du séchage à l'emballage. Olivier possède un savoir-faire qui associe tradition amérindienne et chocolaterie européenne, et une approche pédagogique. La patience, la simplicité, la délicatesse, la sérénité, et son approche pédagogique, manifestés tout au long du film, suscitent l'admiration.

Vous pourrez découvrir leurs différents produits, qui ne se limitent pas au cacao. Le chocolat est associé à la noix d'Amazonie, au gingembre, au piment, au palmier-bâche, à la noix de coco, au kumquat... en somme à ce que « la nature nous offre à l'endroit où nous sommes ». Toute la philosophie de Cacao d'Amazonie.

Vous pourrez accéder à plus d'informations sur leur page Facebook.

UNE FIGURE EMBLEMATIQUE DES TRADITIONS FOLKLORIQUES GUYANAISES : ROSANGE BLÉRALD

Extrait du journal France Guyane du 13-05-2017

C'est dans la maison familiale, rue Roland-Barrat, que naît Wapa. L'association sera parrainée par de grands noms du monde culturel guyanais : le Dr Lama, Auguste Dédé, etc. Rosange Blérald écrit plus d'une dizaine de sketches et pièces retraçant la vie créole. Ces pièces sont jouées par les membres du groupe qui commence à se produire sur scène au foyer laïc, rue Schoelcher, dès les années 1980. « On accueillait entre 200 et 300 personnes et il n'était pas rare qu'on fasse deux à trois représentations. Ça marchait très fort car, à l'époque, on était les seuls sur ce créneau-là. » Sa pièce la plus connue sera *A pa mo ki di*, dans laquelle elle joue son propre rôle. La pièce raconte l'histoire d'une petite fille qui crée des conflits entre les personnes et qui ne change pas en arrivant à l'âge adulte. […] Je pense que les gens se sont un peu reconnus et quand elle allait au marché, ils lui disaient : « *Germaine, a pa mo ki di.* » Elle a aussi composé des chansons traditionnelles et deux CD, en coproduction avec La Tour des miracles, interprétés par le groupe Wapa.

Dans le cadre de la manifestation culturelle « Dansé Lari 3 Kaz », rue où elle a grandi, connue sous le nom du Dr Barrat, un hommage a été rendu à Rosange Blérald à l'occasion du dixième anniversaire de sa disparition. Cette célébration s'est déroulée le samedi 25 novembre 2017. La famille et des représentants de groupements divers se sont associés à cet évènement. Que ce soit son groupe Wapa, le centre de danse chorégraphique Norma Claire, le service culturel, les étudiants de lettres et d'histoire de l'université de Guyane, les élèves du lycée professionnel de Balata, la CTG et la mairie de Cayenne. Obtenez davantage d'informations à partir de ce site : www.guyaweb.com/agenda/danse-lari-3-kaz/

En outre, elle était aussi connue dans le milieu gastronomique pour ses délicieux gâteaux de maïs, de patate douce et le fameux Dokono. Petite, je participais à la répétition de cette pièce de théâtre *A Pa mo ki di* après la cantine. Le premier rôle était très disputé. Ce qui n'empêchait pas les enfants de prendre plaisir à jouer et rejouer les scènes. Il faut admettre que Germaine la cancanneuse apparaissait sous différents traits chaque après-midi.

Ces mini-représentations suscitaient l'effervescence, tant chez les acteurs que chez les spectateurs. Il semblerait que la dernière diffusion télévisée remonte à 2007, l'année de son décès. Nul doute que beaucoup apprécieraient de revoir cette pièce mythique et de remonter le temps, d'une trentaine d'années. Pour les connaisseurs, ce sera l'occasion de revivre des moments forts. Quant aux autres, de découvrir cette grande figure emblématique du folklore guyanais, à travers cette belle mise en scène. Par conséquent, il ne reste plus qu'à espérer qu'une plage horaire sera réservée dans la programmation de Guyane la 1ère. Pour finir, gageons que la rubrique « A mo ki di », présentée à la radio, par Charly Torres, ne sera pas sans rapport avec le nom de cette fameuse pièce.

UN ARTISTE TRES RESPECTE DE LA MUSIQUE GUYANAISE : JOSEPH MONDÉSIR DIT TONTON JO

Extrait de l'article publié sur Top Outre-Mer

Joseph Mondésir est né le 13 août 1942 au village Aéroplane Coudé (sur le Haut-Maroni) Abounamy sur le territoire de l'Inini en Guyane française, plus précisément sur le fleuve à quelques kilomètres de Saint-Laurent du Maroni. Il fait ses premières armes en tant qu'animateur dans des radios libres telles que CFM 100 (titre de l'émission : « Chibet »), radio R.A.S (« Reflet des années soixante ») avant d'être intégré par Mme Jacqueline Giffard à RFO Guyane (« Mayouri », « Temps fait temps », « Temps laisser temps », « Contes et légendes de Guyane », « Carbet créole », « Musique d'hier et d'aujourd'hui », « *Coûter pou saver* »). Dans le domaine de la musique, il se révèle tout de suite comme une voix sûre et très représentative de la musique guyanaise (timbre, phonétique...).

Concernant les témoignages, un de ses amis l'avait accompagné en Métropole, afin de lui offrir l'occasion de découvrir la neige et de vivre un moment unique.

Un hommage sera rendu le jeudi 8 février 2018 à l'Atrium de Guyane la 1ère. Parallèlement, l'émission de radio animée par Bruno JONEL, « Ago », sera consacrée à des témoignages entre 11 h et 13 h.

Une pléiade d'artistes seront présents sur scène afin de répondre à cet élan du cœur, à l'image de celui qui savait rassembler autour de lui toutes les générations d'artistes. Celui qu'on surnomme l'homme à la voix d'or possédait une histoire riche d'enseignements et de partages. Le temps et les années qui passent n'ont jamais réussi à entamer le respect et l'admiration qu'il suscitait auprès du public. Ce concert est la preuve vivante de l'attachement des nombreuses personnes qui l'ont connu et côtoyé durant des années. Cette voix mémorable continuera à traverser les âges, tant que la chaîne de l'amitié ne sera pas rompue et que les souvenirs resteront ancrés dans les mémoires. Assistez à ces moments remplis d'émotion sur le Facebook live de Guyane la 1ère.

PETIT QUIZ SUR LA GUYANE

1. De quelle région française est originaire la famille du capitaine Dreyfus ?

   a. Alsace
   b. Bretonne
   c. Auvergne
   d. Normandie

2. En quelle année la mère Javouhey est-elle arrivée en Guyane ?

   a. 1850
   b. 1950
   c. 1828
   d. 1928

3. Saül, né en 1872, a donné son nom à la commune de :

   a. Trinidad
   b. Sainte-Lucie
   c. Martinique

4. **Quelle île n'est pas rattachée à la Guyane ?**

   a. L'île du Diable
   b. L'île Royale
   c. L'île de Sable

5. **Quelle dénomination correspond le mieux à La Fayette, propriétaire de plantations vers 1785 ?**

   a. Partisan du maintien des esclaves au travail forcé
   b. Défenseur des esclaves en vue d'une émancipation
   c. Opposant à l'assouplissement du régime colonial
   d. Sympathisant inconditionnel du régime colonial

6. **Quel est le nom du plus célèbre bagnard de Guyane surnommé Papillon ?**

   a. Henri CHARRIÈRE
   b. Francis LAGRANGE
   c. Alfred DREYFUS

MOTS GUYANE MELES :
LES ANIMAUX DE GUYANE

```
K K I S A I M I R I N Q A I O D V J G A
K I B Z J G G D K Y E N A U G I E I R S
K U N B R N B J Q U U F Q C O V G I O R
C C G K C D Y N D K O A V M D W K T R Z
T P E C A R I A X E T T E N I A R O A Z
O A R P G J V N U N A C U J P Z O X U F
U N Q I M N O B P G T I Z O C K V O G Q
C A C X P Y Y U R C R P N N T S C V A O
A C B A T A R N A M I A C W I A O X J G
N A H N M O T M Q R X W M L I R M C U G
F J Q K I W U M I E I B C R D N A F U C
S W Y S W R S Q A D B O A P N K S M B M
O X C P I U U O R W O C N C O A T I A W
L G G R K E Y Q D M M N P A H Q X V C T
I U V A I L G E C B C Y D B M R V U M H
C H P U K R X U E S S E R A P A J Z O J
R P Q J F U I T Q I N V E C D R T F E M
T X C X C H P R R K W R H C Z M X T B D
K I T U O G A O A D N O C A N A R G O R
A A O C E L O T P Z Q D C A B I A I Y C
```

AGOUTI ANACONDA CABIAI CAIMAN CARIACOU COATI HURLEUR
IGUANE JACANA JAGUAR KIKIWI KINKAJOU MARGUAY MATOUTOU
MYRMIDON OCELOT PAKIRA PARESSEUX PECARI RAINETTE SAIMIRI
TAMANOIR TAMARIN TAPIR TORTUE TOUCAN

QUELQUES

DOLOS

CREOLES

"Chac cochon ganyen
yé sammdi"
C'est-à-dire que
la roue tourne !

"Débrouya pa péché"
Ce n'est pas un
péché d'être
débrouillard.

Bod lenmen pa lwen
Avec de la
persévérance, le
succès n'est pas loin.

JEUX :
RETROUVEZ LES
7 DOLOS CREOLES !

1 - Chaque chose en son temps 2 - Il faut savoir s'entraider 3 - Un échec n'empêche pas la réussite 4 - Il faut savoir se débrouiller dans la vie 5 - Être prudent ce n'es pas être lâche 6 - Il faut être prévoyant 7 - Les premiers sont mieux servis

RÉPONSES DU JEU DOLOS CRÉOLES :

1. a

2. c

3. b

4. b

5. a

6. c

RÉPONSES DU JEU DOLOS CRÉOLES :

1) *Tro préssé pa ka fè jou louvri*
2) *A roun lanmen ka lavé rot*
3) *Bité a pa tombé*
4) *Kabrit ki pa malen, pa gra*
5) *Panga a pa kapon*
6) *Bef douvan bwe bon dilo*
7) *A pa jou lapli pou fè kaz*

DIVERSES UTILISATIONS DU POST-IT

Erin Condren

E rin Condren est une ancienne enseignante originaire des États-Unis, qui décide de lancer sa propre activité à domicile. Elle commence par réaliser des cartes pour différents évènements. Petit à petit, son cercle de clients s'élargit au-delà des amis et des membres de la famille. Désormais, elle offre une large palette de choix. En plus de proposer de magnifiques cahiers de notes, agendas et divers supports, elle apporte une touche originale à ses produits. Ainsi, grâce à différents accessoires, les enseignants peuvent rendre le contenu de leur planning pour la préparation des cours beaucoup plus attrayant. Il est possible de personnaliser un cahier de notes ou un agenda en utilisant des stickers adaptés à chaque occasion et des notes autocollantes imprimables. Elle relève le niveau en termes de présentation de contenus concernant la préparation des cours et la gestion d'un emploi du temps. Il est possible de découvrir ces divers produits sur son site. www.erincondren.com et ses magnifiques réalisations sur sa chaîne YouTube. Le résultat est sublime. Elle allie professionnalisme et créativité. En outre, elle remet au goût du jour le vieil agenda papier qui semble dépassé face à l'agenda virtuel.

Les plans de table

Les plans de table peuvent représenter un véritable casse-tête dans l'organisation d'un évènement. Utiliser des post-it peut être à la fois une méthode originale et efficace, tout en respectant les différents schémas. Le site Pinterest contient des exemples.

Le jeu de l'oie

Il existe un site, « Les Mômes », qui propose des loisirs créatifs aux enfants et aux parents, alliant bricolage, coloriage, comptines, jeux éducatifs et recettes. Découvrez le jeu de l'oie revisité grâce aux post-it, simple à mettre en place. Si vous possédez des figurines telles que les Mignons, Toy Story, c'est encore mieux. Les instructions figurent sur leur site www.momes.net.

Les plus belles images de *post-it war*

Il existe de magnifiques images sur la guerre des post-it, la méthode lecture active par le post-it, les diagrammes, tableaux, décorations, challenge, jeux, etc. sur les sites ci-dessous :

- www.pinterest.com
- www.postitwar.com

Le phénomène « *back to school* »

Une toute nouvelle tendance se fraie un chemin parmi les habitudes des écoliers et des étudiants : personnaliser les fournitures scolaires !

PROJET D'ECRITURE INACHEVE

Cet extrait concerne l'un des deux projets d'écriture commencés en 2009, quelques mois après la naissance de mon fils. J'ai décidé de partager un extrait avec vous, afin d'obtenir votre avis. En effet, j'hésite entre un roman fantastique, une histoire pour enfants ou une bande-dessinée. Vous pouvez laisser vos commentaires sur ma page d'auteur Amazon ou me contacter directement par voie électronique : rcg973@outlook.fr

Dans ce monde dont les enfants possèdent le contrôle, la plupart sont des surdoués, des génies. D'autres, de redoutables guerriers. La présence d'êtres vivants aux couleurs extraordinaires, tant la faune que la flore, confère une allure paradisiaque à ce magnifique paysage. Les tares de la société ont disparu avec l'ancien monde, la criminalité, la violence, la souffrance, la corruption, l'injustice, l'exclusion... En effet, les adultes sont jugés responsables de tous ces malheurs. Mais, ce monde parfait est menacé par l'existence d'un groupuscule d'adultes dirigé par un individu mystérieux. Une lutte de pouvoir va éclater entre les enfants et les adultes afin de conquérir ce monde, en proie à de terribles bouleversements.

De surcroît, le monde des adultes ne cesse de s'enfoncer dans la violence et la criminalité. Les situations d'injustice se multiplient. Le chômage, la pauvreté, la pollution, l'absence de végétation causée par l'industrialisation, engendrent des troubles. La seule ville existante est dirigée par un personnage énigmatique, qui règne d'une main de fer et exploite ses employés. Entouré d'une vingtaine d'hommes de main, il compte de nombreux crimes à son actif. Sa quête de pouvoir et son avidité sans borne, l'éloignent de plus en plus de la ville. Bientôt, il entrevoit la forêt comme une source de profit et les enfants comme un obstacle à sa réussite.

Un groupe d'enfants surdoués, s'aventurent discrètement, de temps à autre dans le monde des adultes. Ils découvrent avec stupeur la dure réalité de l'existence que mènent les adultes. Comme la plupart des enfants, ils sont initiés à l'art du combat et du camouflage. Ce groupe est composé de deux garçons et trois filles. L'un des garçons se prénomme Kamil, le second, Islem. Quant aux filles, Nessa, Aélys et Eunis, elles sont toutes aussi charmantes que redoutables. Ils ont tous la quinzaine (c'est l'âge maximum qu'ils atteignent).

Un jour, un enfant est poursuivi par des adultes et se voit rapidement recueilli par la bande des 5. Ils apprennent que ce jeune garçon a surpris une conversation entre cet homme d'affaires et ses hommes de main, concernant un projet néfaste, dont le but reste but obscur.

Cette nouvelle inquiète les enfants, qui comprennent la gravité de la situation et décident de mener leur propre investigation. Zaïra, le nouveau venu se propose comme guide, car il connait le moindre recoin de la ville. Ils acceptent sa proposition, non sans réticence. Plusieurs jours de préparation seront nécessaires

PROJET CRÉATION MOTIFS POUR IMPRESSION À LA DEMANDE

Après des années de persévérance, j'ai trouvé un site internet, Teespring.com, spécialisé dans l'impression de motifs sur des objets, qui propose à un large public de créer et vendre leurs propres designs (t-shirts, mugs, leggings…).

Afin de réaliser ce projet, je souhaiterais faire appel aux compétences d'un designer ou d'un illustrateur pour apporter une qualité professionnelle et de l'originalité à mes dessins. J'ai travaillé sur de nombreux projets, ce dernier serait une occasion supplémentaire de développer d'autres capacités, notamment, ma créativité et mon goût pour le dessin.

J'essaie d'améliorer mes dessins au fur et à mesure. Je m'efforce de produire un travail de qualité. De ce fait, la collaboration d'une personne compétente et professionnelle sera très utile.

Il est temps pour moi de me consacrer à un projet bien précis qui, avec de bons outils et des personnes créatives, pourrait devenir une réalité. J'ai mis à profit ma période de chômage pour continuer à travailler sur des projets. Je souhaiterais dépasser le stade du projet et me lancer.

En effet, j'envisage de créer ma propre activité, depuis 2014.

Mon tout premier objectif concernait la création d'un service de cartes grises. Par la suite, j'ai créé une application mobile.

Si vous êtes intéressé par mon projet, vous pouvez me contacter à l'adresse suivante : rcg973@outlook.fr

REMERCIEMENTS

Tout d'abord, j'adresse mes sincères remerciements aux personnes qui m'ont soutenue tout au long de ce projet et encouragée à persévérer dans mes efforts. Je n'oublie pas la famille et les amis.

Un remerciement spécial à la Manufacture du Pixel et Cacao d'Amazonie pour l'intérêt et l'enthousiasme qu'ils ont manifesté.

En ce qui me concerne, travailler sur de nombreux projets n'a pas été totalement vain, car au fil de mes recherches, j'ai découvert des informations surprenantes.

Je garde toujours l'espoir de voir aboutir mon projet de création d'entreprise. La patience, la persévérance et la bonne volonté impliquent un long processus et cheminement.

En attendant, je continuerai à partager mes découvertes et mes idées à travers mes projets déraisonnables ou irréalistes.

Souvent, les personnes me demandent d'arrêter de rêver, quand je parle de respect, de solidarité et de bon sens. Cependant, sans les rêves, je n'aurais jamais tenté de réaliser certains projets, ni envisagé la vie sous un autre angle.

Conception graphique, mise en pages,

correction et conseil littéraire

Karen Platel (RédacNet)

RÉDACNET

www.redacnet.com

Édité par CreateSpace

Dépôt légal juillet 2018

www.ingramcontent.com/pod-product-compliance
Lightning Source LLC
Chambersburg PA
CBHW040131270326
41928CB00004B/62